유도 바이블

- JUDO BIBLE -

황경식 · 현석환 · 윤용발 · 송석연 공저

유도 바이블
- JUDO BIBLE -

한국학술정보㈜

머 리 말

　유도(柔道, Judo)는 2명의 선수가 온몸을 사용하여 상대를 공격하거나 공격해오는 상대의 허점을 찔러 승패를 겨루는 스포츠이다. 종주국인 일본에서 유술(柔術)을 모태로 하여 스포츠화되어 1964년 도쿄올림픽에서 정식종목으로 채택되었으며, 프랑스, 러시아 등의 유럽과 남미, 한국을 비롯해서 전 세계로 보급되었다. 유도에는 여러 기술이 있는데, 서서 하는 동작(메치기)과 누워서 하는 동작(굳히기)이 있다. 이러한 기술은 유도의 과학적인 원리 즉, 상대의 강한 힘에 맞서서 저항하는 것이 아니라 그에 순응하면서 그 힘을 역이용하여 상대를 제압하는 것을 말하며, 힘의 역학을 이용하여 민첩하고 부드러운 동작으로 상대의 허점을 노려 기술을 거는 것이다. 이러한 과학적인 원리에 따라 본서에서는 자세한 동작을 사진으로 제시하고 포인트 부분을 설명하여 누구나 쉽게 이해할 수 있도록 집필하였다.

　본서는 유도체육관, 대학교양체육수업, 전공유도수업 등에서 수업교재로 활용하기 위하여 기초과정부터 순차적으로 난이도가 높은 기술을 설명하고 있으며, 유도에 처음 입문하는 초보자부터 중급자, 상급자까지 알아야 할 기본적인 기술과 유도의 기초지식을 정리하여 교수나 학생들이 편안하게 볼 수 있도록 총 7장으로 구성하였다.

　1장은 서문으로 유도를 처음 시작하는 수련생이 꼭 알아야 할 유도의 기초지식인 유도의 개념과 역사, 기술의 분류, 유도복입기, 경기규정, 예법 등에 대해 설명하고, 2장은 기본 움직임으로 유도준비체조부터 자세, 잡기, 걷기, 기울이기, 지웃기, 걸기, 몸쓰기 등과 낙법을 설명하고, 3장은 메치기로 초보자를 위한 기초기술부터, 손기술, 발기술, 허리기술, 상급자를 위한 기술 등을 설명하고, 4장은 굳히기로 기본동작, 누르기, 조르기, 꺾기 등을 설명하고, 5장은 메치기에서 메치기로 연결기술, 메치기에서 굳히기 연결기술, 되치기 등을 설명하고, 6장은 기술방어법과 반칙행위에 대해 설명하고, 7장은 유도체력 보조운동과 유도근력훈련을 설명한다.

집필과 그 준비과정을 통해 국내에서는 유도에 관한 연구, 특히 참고문헌의 내용과 수가 아직까지도 많이 부족하다는 것을 다시 한 번 느꼈으며, 대부분의 교재에서 기술동작이 연속적이지 못하고 단면적인 촬영으로 동작의 포인트를 확인하기 힘들어 초보자가 보고 이해하기 어려운 실정이다. 본서에서는 다양한 각도의 촬영된 사진과 포인트 부분을 자세히 설명하여 이해도를 높였으며, 유도의 준비운동부터 시작하여 본 운동과 정리운동 및 보조체력훈련과 근력훈련을 소개함으로써 실제 유도수련에서 배우는 과정을 순차적으로 기술하였다.

아무쪼록 본서가 유도를 배우려는 사람이나 지도하는 사람들에게 도움이 되길 바라며, 유도발전에 조금이나마 보탬이 되고자 하는 바람이다. 또한, 유도 선후배의 조언을 겸허히 받아 부족한 부분을 수정·보완을 하여 편집, 출판할 것을 약속한다.

본서가 나오기까지 사진촬영에 협조해 준 경희대학교 유도부 이일재, 진환수, 유달곤, 박세염 등과 편집과 내용정리에 수고해준 여주대학 경찰경호학과 현석환 교수님, 성동구청 유도단 윤용발 감독님, 장안대학 송석연 교수님께 감사드리며 마지막으로 출판하기까지 도움을 주신 ㈜한국학술정보에 디자인 편집부와 관계자분들께 감사의 마음을 전한다.

2008년 8월

대표저자 **황경식**

저 자 소 개

황 경 식

- 경희대학교 체육대학 유도 선수
- 경희대학교 교육대학원 체육교육학 석사
- 경희대학교 일반대학원 운동생리학 박사
- 사단법인 한국사회체육진흥회 교육이사
- 한국운동재활협회 경기도 교육이사
- 경희대학교 체육과학연구소 저압·저산소 트레이닝센터 연구원
- 화성스포츠과학연구소 운동생리학분야 이사
현) 경희대, 건국대, 수원대 수원여대, 여주대, 장안대 외래교수
현) (주)컵스홀스포츠 대표이사

현 석 환

- 경희대학교 교육대학원 체육교육학 석사
- 경희대학교 유도부 감독
- 청소년유도대표
- 유도국가대표
현) 여주대학 경찰경호학과 교수
현) 여주대학 대외협력처 처장
현) 여주대학 유도부 부장

윤 용 발

- 용인대학교 유도학과 학사
- 성균관대학교 체육대학원 체육학 석사
- 일본 동북유도대학 접골학과 졸업
- 일본 고베유니버시아드 & 프랑스오픈 국제유도대회 금메달
- 체육1등급 훈장 청룡장, 백마장 표창
- 대한체육회 유도부분 지도자 우수상 표창
- 한국마사회 실업 유도단 코치
- 아테네올림픽 유도국가대표팀 코치
현) 성동구청 실업 유도단 감독

송 석 연

- 일본동북유도정복대학
- 명지대학교 교육대학원 교육학 석사
- 일본센다이무도관 유소년 유도코치
- 사단법인 한국사회체육진흥회 기획실장
- 행정자치부장관 표창
- 국무총리 표창

현) 장안대학 생활체육학과 겸임교수

경희대학교 유도부 이일재

경희대학교 유도부 진환수

경희대학교 유도부 유달곤

경희대학교 유도부 박세염

목 차

목 차

제1장 서문

- 유도를 시작하면서 -

1. 유도의 개요

(Scheme of judo)

유도(柔道, Judo)는 일본의 가노지고로(嘉納治五郞, Gano Jigoro; 1860~1938)에 의해 창시된 스포츠로 무기를 갖지 않고 맨손으로 상대와 서로 맞잡고, 메치고, 누르고, 조르며, 또한 꺾기도 하는 공격을 하거나 공격해오는 상대를 힘의 역학으로 허점을 찔러 승패를 겨루는 격투기이다. 유도는 유능제강(柔能制剛)의 원리를 바탕으로 체력, 기술력, 정신력, 역학의 이해, 정보 등이 종합되어 부드러움과 강인함이 조화를 이룬 운동이다. 즉, 부드러움이 강함을 능히 제압할 수 있다는 것으로, 상대의 강한 힘에 저항하는 것이 아니라 그에 순응하면서 힘의 역학을 이용해 부드러운 동작으로 접근하여 상대의 허점을 찔러 이기는 체계가 바로 유도기술이다.

따라서 유도는 외면상으로 무기를 가지지 않고 힘이 약한 자가 강한 자를 방어할 수 있는 기술인데, 이는 힘으로써 직접 힘에 대항하지 않고 상대의 힘을 이용하여 승리를 얻을 수 있는 방법으로 적으로부터 자신을 방어하며 호신하고 심신을 단련함을 목적으로 하는 무술이다. 그리고 유도의 뛰어난 기술은 뛰어난 체력을 바탕으로 하며 이는 강한 인내심과 지구력을 양성할 수 있다.

또한 유도를 통해 '예(禮)'를 배울 수 있다. 예법은 사람과 사귀는데 있어서, 먼저 그 사람의 인격을 존중하고 이것에 경의를 표하는 것이며, 정신수양을 하는 '도(道)'에 목적을 둔 유도인은 마음속에 예의 정신을 가지고 행동함으로써 '예법(禮法)'을 바르게 지키는 것을 중요하게 생각한다.

즉, 유도는 심신의 힘을 가장 효과적으로 사용하기 위한 방법이라고 하겠다. 그러므로 유도는 신체적인(physical power)면과 정신적 수양을 동시에 요구하는 매우 강하고 역동적인 투기종목이며, 특히 신체적인 체력, 지적인 지력, 정신적인 도덕교육의 차원 높은 조화로 훌륭한 체계를 갖춘 '하나의 무도스포츠요 삶의 길(way of life)'이라 할 수 있다.

유도경기 단체인 국제유도연맹(IJF, International Judo Federation)은 1951년 유럽 13

개국과 아메리카 4개국, 호주 1개국, 아시아 1개국 등 총 19개 회원국으로 결성되었다. 2008년 3월 현재 5대륙 유도연맹에 아프리카 유도연맹(AJU, African Judo Union) 45개국, 아시아 유도연맹(JUA, Judo Union of Asia) 39개국, 유럽 유도연맹(EJU, European Judo Union) 50개국, 오세아니아 유도연맹(OJU, Oceanian Judo Union) 20개국, 아메리카 유도연맹(PJU, Pan-American Judo Union) 40개국 등 총 194개국의 회원국이 지역의 연맹에 가입되어 있으며, 한국은 1956년 5월에 아시아유도연맹에 가입하였다.

02 유도의 역사

유도는 유술(柔術)을 그 모태로 하여 시작된 시기는 잘 알려져 있지 않지만 인류의 생존을 위해 필요와 함께 시작되어 기술의 형태가 발달해 왔다고 추측하고 있다. 맹수나 타 부족의 침입으로부터 자신을 보호하고, 공격하기 위한 수단으로서 시작되어 점차 체계화된 무술의 한 형태가 된 것이다. 우리나라에서는 유술(柔術)의 근원은 古이제황선생의 저서 '신유도(新柔道)'에 의하면, 고구려 제 10대 산상왕(山上王) 때의 왕도였던 환도산성(丸都山城) 각저봉 현실의 벽화에 웅장한 체력의 두 역사(力士)가 맨손으로 겨루는 장면이 그려져 있는데 이 모습만으로는 그 모습이 태권도인지 유도인지 또는 씨름인지를 알 수가 없다. 다만 이 벽화로 고구려시대에도 이미 원시적인 형태의 태권도, 유도, 씨름과 흡사한 격투기가 성행했음을 알 수 있다. 이것이 시대의 발전에 따라 수박(手搏), 또는 각저(角抵)로 불리며 성행하였고, 고려 15대왕 숙종(1097~1106) 때에는 일종의 정재(呈才)로 음악과 함께 병행하여 장려되었다. 특히 왕이 이를 좋아해 상춘정이나 마암에 갈 때는 수박회를 시범케 했으며, 정중부는 정권을 잡자 이를 유흥의 한 과목으로서 군인들이 일상 무예로 장려하였으며, 인종왕(1123~1146)때에는 무인의 세력이 커지면서 이를 군인들의 상예로 장려하여 매년 5월에는 큰 경기를 열었다. 신법(身法), 수법(手法), 각법(脚法) 등 25가지의 정법과 10가지의 비법이 있다고 한다. 이것을 지금의 유도기술로 말하면 손기술, 발기술, 허리기술이라고 할 수 있다. 이러한 기술이 조선시대에는 공개되지 않고 입으로 전해 내려오다가, 임진왜란 때 우리의 발달된 백반공예(白盤工藝) 및 과학과 함께 일본에 전수되었다.

현재, 우리가 하고 있는 유도가 스포츠로 발전하게 된 것은 도쿄(東京) 에이쇼사(永昌寺, 영창사)에서 고도칸유도(講道館柔道, 강도관유도)의 가노지고로(嘉納治五郎, 1860~1938)가 1882년에 유술이 몸과 마음에 끼치는 효과가 절대적임을 깨닫고 청소년교육에 유술의 필요성을 느껴, 그때까지 전해 오던 각 계파의 유술 중 좋은 것은 택하고 위험한 것은 없애고 여기에 새로운 기술을 첨가하여 시대적 감각에 따라 안전성, 경기성, 교육성의 측면에서 재정립하여 현대스포츠로서 체계화된 유도(柔道)라는 용어를 탄생시키게 되었다. 국제유도연맹(IJF)의 규약 1조 3항에 의하면 "IJF는 가노지고로(嘉納治五郎)에 의해 심신의 교육체계로 창안하여 올림픽종목으로 된 유도를 인정한다."라고 하여 현대 유도경기의 창시자를 일본의 가노지고로(嘉納治五郎)라고 보고 있다.

1906년 일본인 우찌다 료우헤이(1874~1937)에 의해 우리나라에 처음 소개되었고, 우리나라에는 1909년 황성기독교청년회(YMCA)에서 이상재(李商在)선생의 "장사 100명을 육성하라"는 지시로 유도반을 설치하여, 그 지도를 무관학교 출신인 유근수 씨에게 맡겼다가 곧 나수영씨로 교체되었다.

이것이 한국인이 창설한 최초의 사설 도장이었다. 1928년 유도의 용어와 술어가 우리말로 번역되었고, 1929년 동경 유학생 무도회 주최 전국 조선 중학교 유도 대회를 시작으로 같은 해 10월에는 황성기독교청년회 주최로 전 조선단체 유도대회가 개최되었으며, 1930년 6월에는 지금의 연세대학교인 연희전문학교에서 전 조선중등학교 대항유도 대회가 개최되었다. 특히 1931년에 조선연무관이 이경석선생에 의해 개설되었고, 1945년 8·15해방과 함께 10월 조선유도연맹이 결성되었고, 유도의 용어를 새롭게 정비하여 보급하였다. 또한, 1951년에는 국제유도연맹(IJF)이 결성되면서 세계화의 발달을 마련하였으며, 한국유도를 이끌 중견지도자 양성을 목적으로 지금의 용인대학교인 대한유도학교가 故이제황 선생에 의해 1953년도에 설립되었다. 1956년에는 재단법인 한국 유도원이 발족되었으며, 그해 제1회 세계유도선수권대회가 도쿄에서 열렸다. 1964년 제18회 동경올림픽대회 때에 정식종목으로 채택 실시되었고, 김의태(-80kg급)선수가 동메달을 획득하였다. 또한, 1966년 제1회 아시아유도선수권대회가 필리핀 마닐라에서 열린 계기로 아시아 유도가 발전하였다. 1972년 제20회 서독뮌헨올림픽대회 때에 오승립(-80kg급)선수가 은메달을 획득하였다. 한국유도 발전의 계기가 된 것은 1981년 네덜란드 마스트리히트에서 열린, 제12회 세계유도선수권대회에서 박종학 선수가 라이트급(-71kg급)에서 금메달을 획득한 것이다. 그 후 1984년 제23회 미국 LA올림픽에서 안병근(-71kg급), 하형주(-95kg급)선수가 금메달을, 김재엽(-60kg급), 황정오(-65kg급)선수가 은메달을, 조용철(+95kg급)선수가 동메달을 획득하였으며, 1988년 제24회 한국 서울올림픽에서 김재엽(-60kg급), 이경근(-65kg급)선수가 금메달을, 배미정(-72kg급)선수가 은메달을, 조용철(+95kg급), 조민선(-48kg급), 박지영(-66kg급)선수가 동메달을 획득하여 종합1위의 성적을 거두는 업적을 세우고 날로 유도가 세계대회 및 국제대회에서 국위선양을 하였으며, 한국유도의 우수성을 알리면서 유도강국으로 발돋움하게 되었다. 한편, 여자 유도는 1988년 서울올림픽 시범종목에 이어 1992년 제25회 스페인 바르셀로나 올림픽에서 정식종목으로 채택되어 김미정(-72kg급)선수가 금메달을, 윤현(-60kg급)선수가 은메달을, 정훈(-71kg급), 김병주(-78kg급)선수가 동메달을 획득하였으며, 1996년 제26회 미국 애틀랜타올림픽에서 전기영(-86kg급), 조민선(-66kg급)선수가 금메달을, 곽대성(-71kg급), 김민수(-95kg급), 현숙희(-52kg급), 정선용(-56kg급)선수가 은메달을, 정성숙(-61kg급), 조인철(-78kg급)선수가 동메달을 획득하여 세계적인 유도강국이 확인되었다. 2000년 제27회 호주 시드니올림픽대회부터 남자 7체급은 -60kg급, -66kg급, -73kg급, -81kg급, -90kg급, -100kg, +100kg급으로 실시되었고, 여자 7체급은 -48kg급, -52kg급, -57kg급, -63kg급, -70kg급, -78kg급, +78kg급으로 실시되어, 정부경(-60kg급), 조인철(-81kg급)선수가 은메달을, 정성숙(-63kg급), 김선영(-78kg급), 조민선(-70kg급)선수가 동메달로 금메달

획득에 실패하여 다소 저조한 성적을 거두었으나, 최근에는 2004년 제28회 그리스 아테네올림픽에서 이원희(-73㎏급)선수가 금메달을, 장성호(+100㎏급)선수가 은메달을, 최민호(-60㎏급)선수가 동메달을 획득하여 세계에 한국유도의 저력을 다시 한 번 과시하였고, 2006년 도하아시안게임 등에서 국위를 선양하는 등 한국의 대표적인 금메달 종목중의 하나로 유지되어 오고 있다. 이러한 결과는 최근 국제유도의 경기력이 평준화가 되었기 때문이며, 스포츠로서의 유도가 관중의 관심과 호응을 얻고자 공격적이고 적극적인 유도를 지향하게 되어 체격과 체력이 우수한 외국선수들이 강세를 나타내고 있는 실정이다. 또한, 오늘날 국제 유도계를 삼분하고 있는 일본세, 유럽세, 그리고 한국세 중에서 국제유도연맹(IJF)의 회장국으로서, 1995년 9월 일본 지바 마쿠하리에서 개최된 국제유도연맹(IJF) 총회에서 제7대 회장으로 선출된 우리나라 박용성 회장은 3선을 연임하면서, 2009년까지 IJF 회장직을 맡게 돼 있었다. 그러나 50개국이 가입된 유럽유도연맹(EJU) 회원국들이 박 회장의 장기 집권에 대한 불만으로 2005년 3선 선거 당시 박 회장의 경쟁자였던 루마니아 출신 비저 마리우스 유럽유도연맹(EJU)회장이 100 대 85로 패하자 부정선거라며 국제스포츠중재재판소(CAS)에 이의신청을 했다. 국제스포츠중재재판소(CAS)는 박 회장 손을 들어줬지만 유럽유도연맹(EJU)측과의 갈등은 계속되었다. 그런데 2005년 5월 박용성 회장의 지지 세력인 아시아유도연맹 회장에 유럽연맹이 지지하는 쿠웨이트의 오베이드 알 안사 회장이 당선되면서 세계 5개 지역 유도연맹 간 분열도 심해졌다. 거기에 일부 유럽연맹 회원국이 9월 브라질 리우데자네이루에서 열리는 유도선수권대회를 보이콧하려는 움직임까지 보이면서 박용성 회장은 2007년 9월 7일에 사퇴를 결정하였다.

유도의 정신(The spirit of judo)이란?

최소한 4가지 덕목을 강조한다.

첫째, 항상 최선을 다하고, 둘째, 정정당당하며, 셋째, 규칙을 준수하고 넷째, 상대를 존중하기로 다짐하는 것이 포함되어 있으며, 이는 유도수련을 통해서 길러지는 정신이다.

유도의 모토(The motto of judo)란?

유도의 2대 교범(教範, teaching methods)중, 첫째, 정력선용(精力善用, good use of mental and physical energy)은 유도를 통하여 육성된 체력, 지력 및 정신력 등을 옳고 바르게 선하게 사용해야 한다는 뜻이며, 둘째, 자타공영(自他共榮, mutual prosperity for oneself and others)은 나와 상대의 1:1뿐만 아니라 사회발전과 공익을 위한 일에 기여하고 이웃과 더불어 건강한 사회가 되도록 서로서로 도우며 협력하여 살기 좋은 공동체를 만들어 보자는 것이다.

유도는 '유능제강(柔能制剛, skillful application of flexibility to defeat strength)'으로 설명한다. 이는 힘을 쓸 때 강하고 단단함으로만이 아니라 부드러움으로 적용하라는 뜻이다. 따라서 작은 사람은 큰 상대를 메치기 위해 상대의 힘을 잘 이용해야 한다. 유도에서 상대가 '밀면 당기고, 당기면 밀라'는 것은 유도의 과학적인 힘의 원리를 잘 설명하는 것으로 상대의 강한 힘에 맞서서 저항하는 것이 아니라 그에 순응하면서 그 힘을 역이용하여 상대를 제압하는 것이다. 힘의 역학을 이용하여 민첩하고 부드러운 동작으로 허점을 찔러 상대를 이기는 체계가 유도 기술의 원리이다.

예를 들면, 두 사람이 각각 100%의 힘을 가지고 있다. 만일 상대가 70%의 힘으로 나를 밀어오면, 이에 대항하기 위해서는 70% 보다 많은 100%이상의 힘을 가져야 버티어 낼 수 있다. 이런 경우는 상대에게 자신의 전력을 다해 대항하려고 해도 밀리거나 던짐을 당할 것이다. 그러나 70%보다 작은 30%의 힘으로 이 상황을 유리하게 만들 수 있다. 이런 경우는 상대에 거슬리지 않고 내 몸을 슬쩍 빼어 상대의 힘에 맡기는 것처럼 하며 동시에 내 몸의 균형을 잃지 않게 하면 상대는 자연히 앞으로 기울며 중심을 잃게 된다.

2. 유도 본과 기술의 분류
(Classification of judo forms and techniques)

유도의 본

a. 본의 개요

본은 수많은 공격과 방어의 기술 중에 선별되어진 공격·방어의 순서와 방법을 약속 하에 꾸며 놓은 연습방법이다. 본의 역할은 실제 기술에 있어서 자세, 발의 움직임(몸쓰기), 힘의 사용, 중심이동 등의 원리를 알고 기술의 3단계(기울이기, 지웃기, 걸기)와 낙법 등 유도의 교범(敎範, teaching method)이 된다. 본의 연습을 통해서 기술의 실체를 체득할 수 있으나 일정한 순서와 방법에 의해 약속되어 있기 때문에 흥미를 잃기 쉽다. 그러나 자유연습은 경기본위가 되어 경기에 이기고 지는 것이 승부의 최종 목표가 된다. 본은 이러한 것들을 개선시키기도 하고 기술의 원리·원칙을 잡기(공격자, Tori, attacker)와 받기(Uke, defender)가 일정한 순서와 방법에 의해서 알게 하여 습득시킬 수 있다. 본의 연습은 기술을 더욱 향상시킬 수 있으며, 또 현재 자유연습에서 금지되어 있는 기술들을 본을 통해서 배울 수 있다. 따라서, 자유연습과 본은 병행해서 습득히는 것이 가장 이상적이다.

b. 메치기 본

유도의 메치기 기술에는 손기술, 허리기술, 발기술, 바로누우며 메치기기술, 모로누우며 메치기기술 등 5종류의 기술로 구분되어 있다. 이들 메치기 기술 중에 대표적인 3가지 기술을 한 개조로 묶어 각각의 기술에 대해 기울이고, 지웃고, 걸 수 있도록 하고, 또한 받기가 쉽게 넘어갈 수 있도록 되어져 있으며, 그 기술의 명칭 및 배열의 순서는 다음과 같다.

① 손기술 : 띄어치기, 업어치기, 어깨로 메치기

② 허리기술 : 허리띄기, 허리후리기, 허리채기

③ 발기술 : 모두걸기, 발목받치기, 허벅다리걸기

④ 바로누우며 메치기기술 : 배대뒤치기, 누우면서 던지기, 안오금띄기

⑤ 모로누우며 메치기기술 : 모로걸기, 모로돌리기, 모로띄기

c. 굳히기 본

굳히기 본은 누르기, 조르기, 꺾기 등 3종류로 나누어져 있으며 각각의 대표적인 기술 5가지씩 총 15가지로 되어져 있으며, 그 기술의 명칭 및 배열의 순서는 다음과 같다.

① 누르기: 곁누르기, 어깨누르기, 위누르기, 가로누르기, 위고쳐누르기

② 조르기: 외십자조르기, 맨손조르기, 안아조르기, 죽지걸어조르기, 역십자조르기

③ 꺾 기: 팔얽어비틀기, 팔가로누워꺾기, 어깨대팔꿈치꺾기, 무릎대팔꿈치꺾기, 다리얽어비틀기

d. 되치기 본

유도의 되치기 기술은 기술뿐만 아니라 서로가 먼저 상대의 마음을 읽고 기술을 변화시켜서 거는 기술의 총합적인 것을 자연히 몸에 익혀 나갈 수 있도록 수련하게 하는 것이다. 그 기술의 명칭 및 배열의 순서는 먼저 제시된 기술이 상대의 기술로 진하게 표시된 기술이 되치기 기술이 된다.

<제 1교>

① 띄어치기 → 허벅다리걸기

② 허리후리기 → 무릎들어떨어뜨리기

③ 밭다리 후리기 → 밭다리걸기

④ 안뒤축후리기 → 발목받치기

⑤ 안다리 후리기 → 발뒤축후리기

<제 2교 >
① 한팔업어치기 → 외깃안아조르기
② 허리채기 → 모로띄기
③ 모두걸기 → 모두걸기
④ 발뒤축걸기 → 빗당겨치기
⑤ 무릎대돌리기 → 무릎대돌리기

<제 3교 >
① 어깨로메치기 → 안오금띄기
② 빗당겨치기 → 발뒤축후리기
③ 허리튀기 → 발목후리기
④ 허벅다리걸기 → 빗당겨치기
⑤ 배대뒤치기 → (다리잡아)안다리후리기

e. 부드러운 본
　부드러운 본은 메치거나 떨어지는 일이 없으므로 떨어지는데 대한 공포심을 갖
지 않게 되고 무리가 없기 때문에 특별한 장소와 복장이 필요없으며, 남녀노소 및
유도수련여부에 관계없이 누구나 용이하게 습득할 수 있는 본이다.

　　제 1교 : 내찌르기, 어깨밀기, 두손잡기, 어깨돌리기, 턱밀기
　　제 2교 : 내려배기, 두어깨누르기, 빗치기, 외손잡기, 외손들기
　　제 3교 : 띠잡기, 가슴밀기, 턱치기, 내려치기, 두눈찌르기

유도기술의 분류

유도의 기술은 실제 연습이나 시합에서는 메치기 기술과 굳히기 기술만이 사용되며, 선수의 부상위험과 안전을 고려해 금지기술도 아래 표에 국내용어와 국제용어로 명시되어 있다.

국제연맹에서는 메치기 66가지 기술을 손기술(16), 허리기술(10), 발기술(21), 바로누우며메치기기술(5), 모로누우며메치기기술(14) 등으로 분류한다.

유도의 기술 중 메치기(Nage-waza)

서서 메치는 기술 (Techi-waza)				
손기술 (Te-waza) 16개	엎어치기 어깨로 메치기 띄어치기 따잡아엎어뜨리기 외깃잡아엎어후리기 오금잡아메치기 하박다리비껴도치기 한팔엎어치기	(Seoi - nage), (Kata - guruma), (Uki - otoshi), (Obi - otoshi), (Yama - arashi), (Kuchiki - taoshi), (Uchi - mata - sukashi), (Ippon - seoi - nage),	빗당겨치기 다리들어메치기 모로뻗어뜨리기 엎어뻗어뜨리기 다리잡아메치기 발목잡아메치기 안두축도치기 따잡아뒤집기	(Tai - otoshi), (Sukui - nage), (Sumi - otoshi), (Seoi - otoshi), (Morote - gari), (Kibisu - gaeshi), (Kouchi - gaeshi), (Obitori - gaeshi)
허리기술 (Koshi-waza) 10개	허리띠기 허리돌리기 허리후리기 허리튀기 뒤허리안아메치기	(Uki - goshi), (Koshi - guruma), (Harai - goshi), (Hane - goshi), (Ushiro - goshi),	허리까치기 허리채기 따잡아허리채기 허리옮겨치기 소매들어 허리채기	(O - goshi), (Tsurikomi - goshi), (Tsuri - goshi), (Utsuri - goshi), (Sode - tsurikomi - goshi)
발기술 (Ashi-waza) 21개	나오는발치기 발목받치기 안다리후리기 안뒤축후리기 하박다리걸기 다리대돌리기 허리대돌리기 받다리걸기 밭다리되치기 하리튀기되치기 하박다리되치기	(De - ashi - barai, harai), (Sasae - tsurikomi - ashi), (Ouchi - gari), (Kouchi - gari), (Uchi - mata), (Ashi - guruma), (O - guruma), (Osoto - otoshi), (Osoto - gaeshi), (Hane - goshi - gaeshi), (Uxhi - mata - gaeshi),	무릎대돌리기 받다리후리기 밭다리축후리기 모두걸기 밭다리축걸기 발목후리기 두발다리걸기 모두걸기되치기 안다리되치기 하리후리기되치기	(Hiza - guruma), (Osoto - gari), (Kosoto - gari), (Okuri - ashi - barai, haral), (Kosoto - gake), (Harai - tsurikomi - ashi), (Osoto - guruma), (Tsubame - gaeshi), (Ouchi - gaeshi), (Haral - goshi - gaeshi),

누우면서 메치는 기술 (Sutemi–waza)	바로누우면서 메치기 (Masutemi–waza) 5개	배대뒤치기 (Tomoe–nage), 누우면서던지기 (Ura–nage), 뒤집어넘기기 (Tawara–gaeshi)	안오금띄기 (Sumi–gaeshi), 누우면서던지기 (Hikikomi–gaeshi),
	모로누우면서 메치기 (Yokosutemi–waza) 14개	옆으로떨어뜨리기 (Yoko–otoshi), 허리튀겨감아치기 (Hane–makikomi), 모로띄기 (Uki–waza), 모로돌리기 (Yoko–guruma), 허리안아돌리기 (Daki–wakare), 받다리감아치기 (Osoto–makikomi), 허리후리기감아치기 (Harai–makikomi),	오금대떨어뜨리기 (Tani–otoshi), 바깥감아치기 (Soto–makikomi), 옆으로누우며던지기 (Yoko–Wakare), 모로걸기 (Yoko–gake), 안쪽감아치기 (Uchi–makikomi), 허벅다리감아치기 (Uchi–mata–makikimi), 안뒤축감아치기 (Kouchi–makikomi)

또한, 굳히기 29가지 기술은 누르기기술(9), 조르기기술(11), 꺾기기술(9) 등으로 분류한다.

유도의 기술 중 굳히기(Katame-waza) 및 금지기술(Kinsi-waze)

굳히기 (Katame -waza)	**누르기** (Osaekomi-waza) 9개	겯누르기 (Kesa-gatame), 뒤겯누르기 (Ushiro-kesa-gatame), 위누르기 (Kami-shiho-gatame), 가로누르기 (Yoko-shiho-gatame), 변형누르기 (Uki-gatame)	고쳐겯누르기 (Kuzure-kesa-gatame), 어깨누르기 (Kata-gatame), 위고쳐누르기 (Kuzure-kami-gatame), 세로누르기 (Tate-shiho-gatame),	
	조르기 (Shime-waza) 11개	십자조르기 (Nami-juji-jime), 외십자조르기 (Kata-juji-jime), 안아조르기 (Okuri-eri-jime), 앞손조르기 (Ryo-te--jime), 주먹조르기 (Tsukkomi-jime),	역십자조르기 (Gyaku-juji-jime), 맨손조르기 (Hadaka-jime), 죽지걸어조르기 (Kata-te-jime), 소매깃잡고조르기 (Sode-guruma-jime), 삼각조르기 (Sankaku-jime)	
	꺾기 (Kansetsu-waza) 9개	팔얽어비틀기 (Ude-garami), 어깨대팔꿈치꺾기 (Ude-hishigi-ude-gatame), 겨드랑이대팔꺾기 (Ude-hishigi-waki-gatame), 다리대팔꺾기 (Ude-hishigi-ashi-gatame), 삼각팔꺾기 (Ude-hishigi-sankaku-gatame)	팔가로누워꺾기 (Ude-hishigi-juji-gatame), 무릎대팔꺾기 (Ude-hishigi-hiza-gatame), 배대팔꺾기 (Ude-hishigi-hara-gatame), 손대팔꺾기 (Ude-hishigi-te-gatame),	
금지기술 4개		가위치기 (Kani-basami, Yoko-sutemi-waza) 허리조르기 (Do-jime, Shime-waza),	안다리꼬아넘기기 (Kawazu-gake, Yoko-sutemi-waza) 다리감아비틀기 (Ashi-garami, Kansetsu-waza)	

3. 유도복
(Judogi)

01 복장 (유도복, 柔道服, Judogi)

유도복은 유도를 할 때에 입는 옷으로 바지는 광목 따위로 간단하게 만들고 저고리는 투박하고 튼튼하게 만드는데 상대편과 유도복을 입고 상대를 메치기도하고, 누르기도 하는 기술을 반복한다. 따라서 복장은 다음과 같은 조건을 갖춘 유도복을 입어야 한다. 면 또는 이와 유사한 재질로 튼튼히 만들어져야 하며, 해졌거나 찢어지지 않아야 한다. 또한, 재질이 상대가 잡기 힘들 정도로 두껍거나 단단하거나 미끄러워서는 안된다. 유도복은 상의와 하의, 띠로 되어 있다. 흰색 또는 청색 도복이 있으며, 연습용과 시합용의 도복이 있다. 그러나 대회에 출전할 때는 대한유도회 심판규정에 정해져 있는 공인 선수용 유도복의 조건을 갖추어 입어야 하며, 첫 번째 선수는 청색, 두 번째 선수는 백색 또는 이에 가까운 흰색을 입어야 한다. 띠는 2회 돌려서 매고, 맨 상태에서 약 20㎝~30㎝ 길이의 여유가 있어야 한다. 유도복은 세탁하면 면직물로 되어 있어 조금 줄어드는 경향이 있으며 최근 선수용 도복은 잘 줄어들지 않고 튼튼하여 오래 입을 수 있다.

유도복 명칭

유도복의 규격은 대한유도경기 심판규정 제3조 부칙에 의거한다.

a. 상의는 몸통부위는 흉곽 아랫부분(복부가운데 부분)에서 최소 20㎝가 겹칠 수 있을 만큼 여유가 있어야 하며, 소매길이는 최대 손목 부위까지 닿아야 하고 손목에서 최소 5㎝이상 길어야 하며, 소매 폭은 소매와 팔 사이에 소매의 전 길이에 걸쳐서 10~15㎝의 여유가 있어야 한다. 또한, 옷깃과 목깃은 최대 1㎝ 두께와 5㎝ 넓이로 되어야 한다.

b. 하의는 아무런 표식이 없는 상태에서 다리를 완전히 덮어 최대 발목 끝까지 닿아야 하고, 하의길이는 발목(복사뼈)에서 최소 5㎝이상이 되어야 한다(단, 도복제조회사의 상표는 도복 상의 하단 앞부분과 하의 왼쪽 다리 아래 앞부분 위 혹은 벨

트 끝에 부착할 수도 있다). 또한, 바지통과 다리사이에는 10~15㎝정도의 여유가 있어야 한다.

c. 여자선수는 유도복 상의 안에 흰색 또는 가까운 흰색의 바지 아래로 집어넣기에 충분할 정도 길이의 튼튼한 반소매 T-셔츠 또는 흰색 또는 가까운 흰색의 반소매 레오타드를 입어야 한다.

유도복 규격

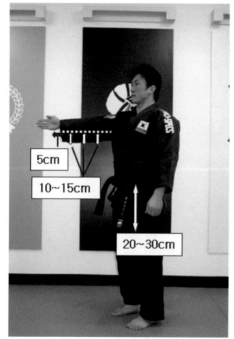

d. 도복 띠는 단급에 일치하는 색상의 4~5㎝ 폭의 튼튼한 띠로 상의 허리부분 도복 위에 흐트러지지 않도록 옭매듭으로 단단히 매어야 하고 허리를 두 번 감은 뒤에도 매듭으로부터 나온 양쪽 끝이 20~30㎝의 여유가 있어야 한다. 유도에 처음 입문하게 되면 흰띠(9급: ☐☐☐☐)를, 그 다음부터는 색으로 구분하여 회색띠(8급:

■■■■■■■), 노랑띠(7급: ▭▭▭▭), 주황띠(6급: ■■■■■), 초록띠(5급: ■■■■■■), 하늘색띠(4급: ▭▭▭▭), 파랑띠(3급: ■■■■), 보라띠(2급: ■■■■), 밤색띠(1급: ■■■■), 검은띠(1~5단: ■■■■■), 흰색~빨간띠(6~8단: ■■□■■ , 일명: 호랑이띠라고 말함), 빨간띠(9~10단: ■■■■■) 등과 같이 급과 단에 따라 도복띠를 바꾸어 매게 된다. 유도를 수련하는 자중 만 13세 이하에게는 소년단을 수여하고 초단과 2단까지 부여한다. 소년단의 초단은 14세, 2단은 16세가 되면 자동으로 성인 초단과 2단으로 인정하며, 상위 단을 취득할 수 있다. 또한, 유도는 승단에 연령제한이 있어 초단(14세), 2단(16세), 3단(18세), 4단(22세), 5단(26세), 6단(31세), 7단(39세), 8단(48세), 9단(58세)로 최소연령(만 나이)으로 정하고 있다. 실시 심사 응시연한은 자신의 현 보유단에 초단에서 2단(1년), 3단(2년), 4단(3년), 5단(4년), 6단(6년)으로 실기심사내용은 2단 이하는 메치기본, 3,4단은 메치기본과 굳히기본, 5,6단은 부드러운본, 호신의 본, 되치기본 등을 심사한다. 서류심사 응시연한은 2단(4년), 3단(5년), 4단(6년), 5단(8년), 6단(9년), 7단(9년), 8단(9년), 9단(10년)으로 승단연한이 경과되어야 신청할 수 있다.

02 유도복 입기와 유도복 접는 법

유도복 입기

유도복은 띠와 바지를 묶어주는 끈으로 되어져 있다. 시합이나 연습에서는 유도복을 잡아당기기도 하고 밀기도 하기 때문에 띠와 바지끈이 풀리지 않도록 단단히 묶어야 한다. 먼저 바지를 입는다. 바지는 끈이 앞으로 나와 있는 것이 앞이며, 앞뒤가 바뀌지 않도록 입고 앞에 있는 고리 모양에 양쪽 끈을 넣은 다음에 묶는다. 다음에 상의를 입는다. 상의는 앞깃을 똑바로 하고, 뒷깃이 등에 똑바로 되도록 한다. 마지막으로 띠를 매지만, 매는 방법이 나쁘면 금방 풀어지기 때문에 정확한 방법으로 매야 한다.

올바른 유도복 입기(바지끈 묶는 방법)

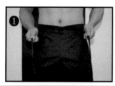   

① 바자끈의 좌·우를 잡아 당겨 자신의 허리사이즈에 맞추어 줄인다.

② 바지 앞에 붙은 양쪽 고리에 바지끈을 넣는다.

③ 신발끈을 묶는 것처럼 묶는다.

④ 끈이 길면, 좌·우 끈 사이에 넣는 것도 좋다.

올바른 유도복 입기(상의 입기)

① 저고리를 입는다. 오른쪽 앞깃을 먼저 넣어 옆구리에 붙인다.

② 왼쪽 깃을 바깥으로 오른쪽 깃과 겹쳐지게 입는다.

올바른 유도복 입기(띠 묶는 방법)

① 띠의 중앙을 배꼽 아래부위 가운데에 댄다.

② 허리 뒤로 교차시켜 앞으로 가져온다.

③ 허리 뒤에서 교차한 띠의 뒷모습.

④ 두 줄을 잡고 오른쪽을 밑에서 안으로 넣어 위로 올린다.

⑤ 오른쪽 띠를 왼쪽으로 구부려 올리고 왼쪽 띠를 앞으로 내어 겹쳐 넣어 묶는다.

⑥ 양쪽 방향으로 잡아당겨 띠가 풀리지 않게 단단히 맨다.

유도복 접는 법

　유도복을 접는 방법은 여러 가지가 있으나, 본서에서는 대표적인 2가지를 아래의 그림과 같이 접는 방법을 설명한다. 바지는 반으로 접거나 상의길이에 맞추어 접어서 위에 올려놓고 양소매를 어깨선에 기준으로 접는다. 도복을 사등분하거나 삼등분하여 접어놓은 도복의 아래 부분을 다시 반으로 접어 띠를 두 겹으로 접어서 도복을 묶는 방식이다.

유도복 접는 법

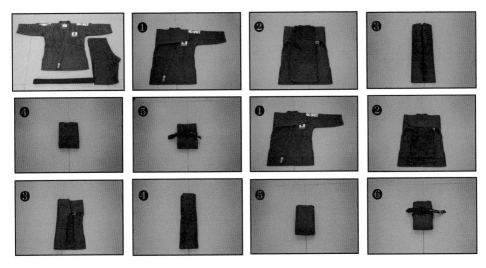

4. 경기규정

(Kyogi-no-kite, Rules of judo)

경기장

경기장의 크기는 최소 14m×14m, 최대 16m×16m이어야 하며, 매트는 일반적으로 녹색의 다다미 또는 이와 유사한 재질이 사용된다. 경기장은 2개의 지역으로 이 두 지역 사이의 경계를 "위험지대"라고 칭하고 일반적으로 적색으로 표시되는데 경기장 사방에 1m 폭으로 평행하게 설치한다. 위험지대를 포함한 그 안쪽을 "장내"라고 하며 그 넓이는 최소 8m×8m에서 최대 10m×10m이어야 한다. 위험지대 밖의 구역을 "안전지대"라고 하며 그 폭은 3m이어야 한다. 경기개시와 종료 시 선수의 시작 위치를 알려주기 위해서 폭 10㎝와 길이 50㎝의 청색과 백색테이프를 경기장내 중앙에서 4m거리를 띄어서 주심의 오른쪽에는 청색, 왼쪽에는 백색으로 표시한다. 경기장은 반드시 탄력성 있는 마루 또는 플랫폼 위에 설치해야 한다. 두개 또는 그 이상의 경기장을 인접해 설치해야 할 때에는 최소한 3m 내지 4m폭의 안전지대를 확보해야 된다. 경기장 주위에는 최소한 사방 50㎝폭의 "자유구역"을 확보하여야 한다.

경기시간

올림픽, 세계선수권대회의 경기시간은 경기규정에 명시되어 있는 대로 시행한다.

일반(남자, 여자):	경기시간 5분
청소년(남자, 여자):	경기시간 4분

선수는 누구나 경기가 끝난 시간으로부터 다음 경기에 임할 때 까지 10분간의 휴식을 취할 수 있다.

경기시간과 경기방법은 대회요강에 따라 달라질 수 있으므로 선수 및 주심과 부심은 경기장에 오르기 전에 경기 시간을 미리 알아야 한다.

경기시간을 대상으로 분류하면 아래와 같다.

대 상	경 기 시 간
초등부(남 · 여)	3분
중등부	남 4분, 여 3분
고등부	남 5분, 여 4분
대학, 일반부	남 5분, 여 4분

대상별 기술허용범위

경기기술에 대한 허용범위는 대상별로 분류하면 아래와 같다.

대 상	기 술
초등부(남 · 여)	조르기, 꺾기 금지
중등부	꺾기 금지
고등부, 대학, 일반부	모든 기술사용

누르기시간은 주심의 누르기 선언과 동시에 "한판"을 선언하거나 "풀려" 또는 "그쳐"를 선언 할 때까지 경기시간에 따라 아래와 같이 득점을 판정한다.

득 점	누르기시간
효 과	10초 이상~15초미만
유 효	15초 이상~20초미만
절 반	20초 이상~25초미만
한 판	25초 이상

득점 판정 기준

a. 한 판

① 한 선수가 상대선수를 상당한 힘과 속도로 자신이 컨트롤하여 등 전체가 닿도록 메쳤을 때.

② "누르기"가 선언되고 나서부터 25초 동안 상대가 풀려나오지 못하도록 제압하고 있을 때.

③ 한 선수가 누르기 또는 조르기, 꺾기 기술로 제압하고 있는 동안, 상대 선수가 손 또는 발로 두 번 이상 자리나 몸을 쳤을 때, 혹은 "항복"이라고 말했을 때.

④ 꺾기 또는 조르기 기술이 성공하여 그 효력이 충분히 발휘되었을 때.

⑤ 한 선수에게 "반칙패"가 처벌되면, 상대선수에게 "한판"승을 선언한다.

b. 절 반

① 한 선수가 능숙한 기술로 상대를 메쳤으나 "한판"에 필요한 기술의 4요소, 즉

세찬 기세와 탄력, 속도, 통제력 중 어느 하나라도 부분적인 결여가 있을 때.

② 한 선수가 굳히기로 상대를 제압하여 "누르기"가 선언되고 나서부터 20초 이상 25초미만 동안 누르고 있을 때.

③ 한 선수가 금지사항을 범하여 3개의 지도를 받으면 상대 선수는 "절반"을 득점한 것으로 인정한다.

c. 유   효

① 한 선수가 상대를 제압하면서 기술을 걸어 메쳤으나 한판의 4요소 중 두 가지가 결여 되었을 때(등이 바닥에 닿은 상태가 불완전하고 속도와 힘 두 가지 요소 중에서 어느 하나가 부족할 때와 등이 완전히 바닥에 닿았으나 속도와 힘 두 가지 모두 부족할 때).

② 한 선수가 굳히기로 상대를 제압하여 "누르기"가 선언되고 나서부터 15초 이상 20초미만 동안 누르고 있을 때.

③ 한 선수가 금지사항을 범하여 2개의 지도를 받으면 상대 선수는 "유효"를 득점한 것으로 인정한다.

④ "유효"의 득점을 여러번 하더라도 그 합계는 "절반" 득점 하나에 미치지 못하며, 그 득점의 총수는 기록된다.

d. 효   과

① 한 선수가 기술을 걸어 상당한 속도와 힘으로 상대를 쳐서 한쪽 어깨, 대퇴부 또는 엉덩이가 바닥에 닿았을 때.

② 한 선수가 굳히기로 상대를 제압하여 "누르기"가 선언되고 나서부터 10초 이상 15초미만 동안 누르고 있을 때.

③ 한 선수가 금지사항을 범하여 1개의 지도를 받으면 상대 선수는 "효과"를 득점한 것으로 인정한다.

④ "효과"의 득점을 여러번 하더라도 그 합계는 "유효" 또는 "절반" 득점 하나에도 미치지 못하며, 다만 득점의 총수는 기록된다.

상대선수를 메쳤으나 앞으로 넘어졌거나, 무릎, 팔꿈치, 또는 손을 짚었다면 득점은 인정되지 않으며, 다만 공격으로만 인정한다. 마찬가지로 굳히기에 있어서도 9초까지의 "누르기"는 공격으로만 인정한다.

득 점

득점의 분류는 개인전(초, 중, 고, 대학, 일반)은 "효과"의 득점부터 인정하며, 단체전은 초등과 중등은 유효이상을 인정하며, 고등, 대학 및 일반은 효과이상부터 인정한다. 득점이 없는 경우는 비김이 있다. 또한, 단체전 승패 결정은 승자수, 내용점수, 비김선수 1인만 재경기(2인 이상일 경우 추첨) 및 추첨 등으로 결정한다. 한편, 내용점수는 한판－10점, 절반－8점, 유효－7점, 효과－6점, 판정－5점, 기권－10점 등으로 배점한다.

체 급

체급의 분류는 아래와 같다.

대 상	체급수	체 급
초등부	남·녀(5체급)	－35kg, －43kg, －53kg, －65kg, ＋65kg
중등부	남자(9체급)	－48kg, －51kg, －55kg, －60kg, －66kg, －73kg, －81kg, －90kg, ＋90kg
	여자(8체급)	－42kg, －45kg, －48kg, －52kg, －57kg, －63kg, －70kg, ＋70kg
고등부	남자(9체급)	－55kg, －60kg, －66kg, －73kg, －81kg, －90kg, －100kg, ＋100kg, Open
	여자(8체급)	－48kg, －52kg, －57kg, －63kg, －70kg, －78kg, ＋78kg, Open
대학 일반	남자(8체급)	－60kg, －66kg, －73kg, －81kg, －90kg, －100kg, ＋100kg, Open
	여자(8체급)	－48kg, －52kg, －57kg, －63kg, －70kg, －78kg, ＋78kg, Open

5. 예법

(Rei, etiquette, Bow)

'예로 시작하여 예로 끝난다'는 말과 같이 예의를 특히 중요하게 여기는 유도에서는 연습과 경기 전후에 상대가 서로 마주서서 몸을 가다듬고 존경의 마음을 가지고 바르게 예를 표한다. 예의는 동양 사상을 배경으로 계승된 유도가 현대적으로 급속한 성장을 거듭한 것은, 격투기로서 유도가 예를 중시하는 정신 때문이고 체육적으로도 그 가치를 높이 평가받는다. 따라서 예의는 상대방을 존경하는 마음을 외부로 나타내는 형식이다. 예법에는 선 자세로 하는 입례(立禮)와 앉은 자세로 하는 좌례(座禮)의 2종류가 있다.

입례(立禮, Tachi-rei)

선 자세에서 기술을 연습하거나 시합을 할 때 시작과 끝에 인사하는 방법으로 차렷 자세 즉, 뒤꿈치를 붙이고 양발의 엄지발가락 사이를 60°정도 벌리고 상체를 앞으로 약 30°정도를 숙인 뒤 1~2초 멈추었다가 바로 선다.

입 례

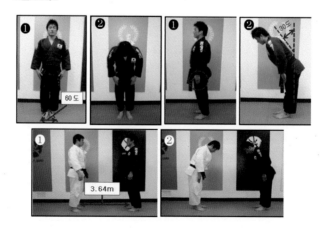

정좌는 두발을 모으고 선 자세에서 왼쪽 발을 발의 1.5배 정도 뒤로 내디디면서 그대로 무릎을 꿇고 앉는다. 이어서 오른발 역시 왼쪽 무릎에 맞게 나란히 하면서 앉는다.

정 좌

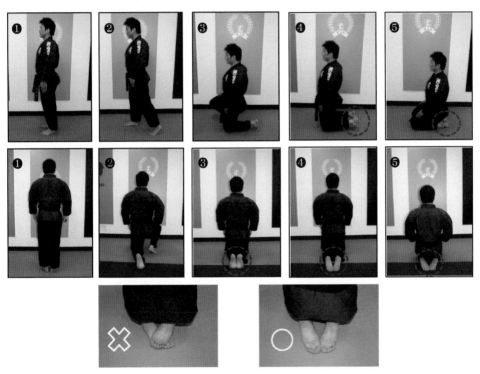

좌례는 정좌로 앉아서 양손을 대퇴위에 가지런히 올려놓고 손끝을 안쪽으로 약 6㎝ 정도 벌리고 손바닥은 무릎에서 10㎝정도 앞에 놓는다. 이마는 매트에서 30㎝ 정도 높이까지 상체를 숙인 뒤 1~2초 멈추었다가 원상태로 돌아온다. 보통 굳히기 연습을 할 때 시작과 끝에 인사하는 방법이다.

좌 례

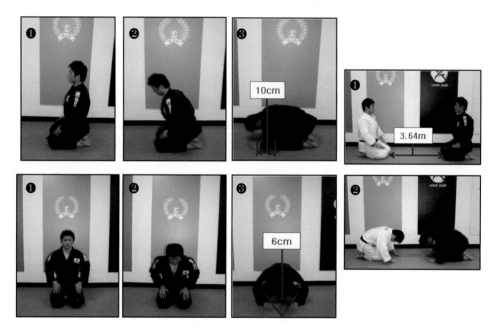

제2장 기본 움직임

1. 준비운동 & 정리운동
(Warm up & Cool down)

유도수련을 하기 위해서는 기본동작을 먼저 익혀서 시작한다. 이것은 유도수련을 통해 건강증진과 체력강화를 위해 준비운동, 본 운동, 정리운동 등의 세 단계로 구성하여 실시되어야 하기 때문이다. 먼저 준비운동과 정리운동을 소개하고 유도의 기본움직임 및 낙법을 익혀보자.

01 준비운동(準備運動, Warm up)

　　준비운동은 웜 업(Warm up)이라 하여 운동하기 전에 실시하는 것으로 운동단계에서 매우 중요하며, 본 운동을 할 때에 가해질 큰 자극에 대한 예비신호로써 메치고, 누르고, 조르고, 꺾기와 같은 유도동작시에 발생할 수 있는 부상을 예방하고자 하는 것이다. 준비운동을 하지 않고, 강력한 운동을 하게 되면 근육을 다치게 하거나 근육이 수축되어 끊어지는 사고의 원인이 된다. 따라서, 신체의 제기능을 안정 상태로부터 운동에 적합한 상태로 서서히 유도해 가는 과정이 필요하다. 이에 본서에서는 준비운동을 유도기초체조와 구르기로 구성하여 설명하고 있으며, 무릎잡고 짧게 펴기부터 시작하여 옆돌기와 전방회전낙법까지를 기본적으로 실시한다. 그러나 운동대상자, 환경요건 및 훈련목적을 고려해 즉, 수련자의 컨디션, 연령, 계절, 기온, 날씨, 숙련정도, 시간조절 등에 따라 유도체력 보조운동을 가감하여 실시한 후 전방회전낙법으로 마무리한다. 준비운동의 효과는 다음과 같다. 첫째, 체온과 근육의 온도를 안정시 상태보다 약 1℃ 정도 높혀 주어 관절이 부드러워지고 근육도 움직이기 쉬워지므로 몸의 유연도가 증가된다. 둘째, 심장에 혈액공급을 신속하고 적절하게 이루어져 심장손상의 위험성을 예방한다. 셋째, 근육의 장력을 향상시켜 근육이나 인대건 등의 상해 위험성을 방지한다. 넷째, 준비운동을 하는 동안에 대뇌의 흥분수준이 높아져서 경기의 격렬한 움직임이나 정신적인 압박에도 대비하게 된다. 다섯째, 호흡순환기능이 개선되므로 격렬한 스포츠 직후에 나타나는 괴로운 상태, 즉 데드 포인트를 가볍게 극복할 수 있는데도 도움이 되는 등의 효과가 있다.

준비운동 1(무릎잡고 짧게 펴기)

준비운동 2(무릎잡고 길게 펴기)

준비운동 3(무릎잡고 굽혔다 펴기)

준비운동 4(목돌리기)

준비운동 5(어깨돌리기)

준비운동 6(가슴펴기)

준비운동 7(옆구리-좌우)

준비운동 8(등배-앞뒤)

준비운동 9(몸통-좌우)

준비운동 10(배밀기)

준비운동 11(어깨펴기-앞, 좌우)

준비운동 12(허리펴기-앞, 좌우)

준비운동 13(다리벌리고 무릎 앞으로 숙이기)

준비운동 14(다리벌리고 깊숙이 허리 돌리기)

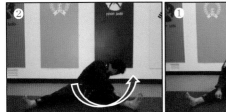

준비운동 15(다리벌리고 앞으로 숙이기)

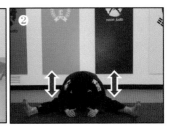

준비운동 16(다리펴고 앞으로 숙이기)

준비운동 17(다리모아 앞으로 숙이기)

준비운동 18(위아래로 다리 떨기)

준비운동 19(발목돌리기 좌 & 발목잡고 앞으로 숙이기)

준비운동 20(왼발 잡고 무릎펴기)

준비운동 21(왼발 무릎 위에 놓고 좌우 허리 비틀기)

준비운동 22(발목돌리기 우 & 발목잡고 앞으로 숙이기)

준비운동 23(오른발잡고 무릎펴기)

준비운동 24(오른발 무릎대 허리틀기 좌우)

준비운동 25(손목돌리기)

준비운동 26(후방낙법치고 목운동)

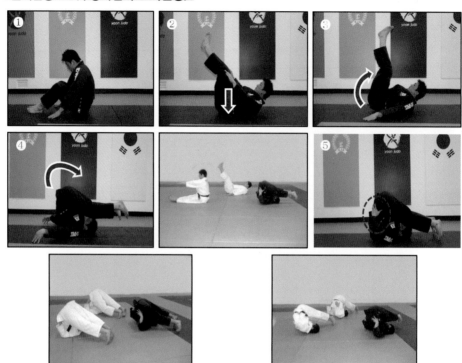

준비운동 27(다리밀기)

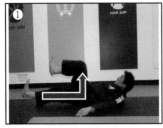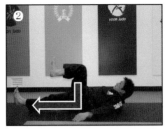

준비운동 28(다리돌리기)

준비운동 29(다리 좌우로 젓기)

준비운동 30(다리틀기 좌우 & 위아래로 늘리기)

준비운동 31(기지개펴기)

준비운동 32(무릎돌리기)

준비운동 33(허리돌리기)

준비운동 34(손목, 발목 돌리기 & 팔다리좌우로 비틀기)

　준비체조는 도장의 크기를 최대한 활용하여 양팔간격으로 정렬하여 실시한 후 구르기는 한쪽 벽으로 밀착하여 정렬한 후 한 줄(일반적인 유도장수련생 4~8명)씩 앞구르기부터 시작하여 반대 벽 쪽에서 뒤구르기를 실시하는 것으로 왕복하여 한 가지씩 구르기를 실시하면 된다.

준비운동 35(앞구르기)

준비운동 36(뒤구르기)

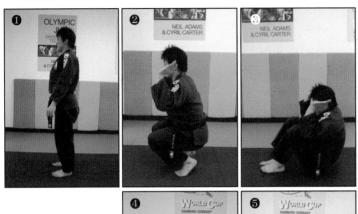

준비운동 37(다리벌려 앞구르기)

준비운동 38(다리벌려 뒤구르기)

준비운동 39(무릎 펴 앞구르기)

준비운동 40(뒤 굴러 어깨빼기)

준비운동 41(물구나무 서 앞구르기)

준비운동 42(뒤 굴러 다리 차올리기)

준비운동 42(옆돌기- 좌·우 왕복)

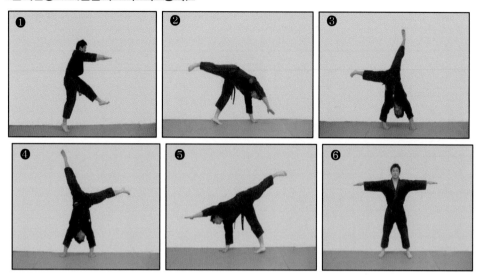

　　옆돌기까지를 기본적으로 실시한 후 운동대상자(수련경력, 수련자의 컨디션, 연령), 환경요인(계절, 기온, 날씨), 훈련계획(훈련내용, 훈련시간) 등에 따라 양쪽으로 왕복할 수 있는 유도체력 보조운동을 추가로 실시한 후 전방회전낙법(짧게, 길게), 공중회전낙법, 장애물낙법을 연습한다.

정리운동은 쿨다운(Cool down)이라 하여 신체를 안정된 상태로 안전하게 되돌아갈 수 있게 하는 것으로 중요한 과정이며, 본 운동을 마친 뒤에 온몸을 풀기 위하여 하는 가벼운 운동을 말한다. 또한, 격렬한 운동을 끝낸 후에 곧바로 자리에 앉아서 휴식을 취하는 정적인 방법보다 가볍게 움직이면서 운동했던 강도를 서서히 줄여가면서 처음의 안정시 상태로 진입해 오는 동적인 휴식 방법이 체내에 쌓인 운동 피로물질인 젖산을 제거하는 데 훨씬 효과적이다. 이것은 운동했던 근육 속의 혈류량을 일정하게 유지하여 피로물질인 젖산 제거를 돕도록 하며 아울러 지속적인 호흡작용으로 운동시에 인체가 산성화되었던 것을 완충시켜 주도록 하는 것이다. 그리고 갑작스럽게 운동을 중지하면 빠르게 진행되었던 혈류의 이동이 급격히 감소하여 심장에서의 혈액공급 기능이 약화되어 뇌빈혈을 일으켜 현기증을 일으킬 수 있다. 그러므로 정리운동은 하체에서 올라오는 정맥이 심장으로 복귀하는 능력을 도와 심장이 정상적인 기능 발휘가 되도록 촉진시켜 준다. 또한, 동적인 정리운동을 통하여 근육에 있는 혈류 속도를 서서히 줄여 줌으로써 운동시 축적되었던 피로물질을 제거하는데 도움을 주어 근육통이나 근경직이 발생하는 것을 예방하도록 5~10분 정도의 가볍게 움직이는 형태의 정리운동을 해야 한다. 그러나 일반적으로 잘 실시하지 않고 간단하게 끝내고 바로 완전휴식으로 들어가는 사람들이 종종 있다. 유도훈련목적에 따라 유도체력 보조운동이나 유도근력트레이닝을 실시한 후 정리체조와 스트레칭 및 마시지를 상대와 서로 근육을 풀어주는 것으로 마무리한다.

정리운동 1(팔 털기)

정리운동 2(가슴펴기)

정리운동 3(옆구리-좌우)

정리운동 4(등배-앞뒤)

정리운동 5(몸통-좌우)

정리운동 6(제자리 뛰기)

정리운동 7(크게 숨쉬기)

2. 자세, 잡기 & 이동법

(Shisi, Body posture, Kumi-Kata; Engagement
positioning & Shin tai; Body shifting)

유도의 기본자세는 자연체와 자호체가 있다.

자연체(自然体, Shizentai)

몸의 균형이 안정된 자연체는 두발을 어깨너비로 벌리고 자연스런 자세로 서는 것을 자연본체라고 하며, 좌우 어느 쪽 한 발을 앞으로 내딛으면 좌 또는 우 자연체가 된다. 이러한 자세는 공격과 수비를 할 수 있는데, 이는 체중이동이 원활하고 민첩하게 할 수 있는 자세라서 공격과 수비에서도 곧바로 전환할 수 있는 자세이다.

자연체

| 자연본체 | 좌자연체 | 우자연체 |

자연본체의 자세보다 두 발을 좀 넓게 벌리고 무릎을 약간 굽힌 자세가 자호본체이며, 어느 한쪽 발이 앞으로 나오면 좌 또는 우 자호체가 된다. 이러한 자세는 상대의 기술을 일시적으로 방어할 때 사용되는 자세로서 자연체보다도 양발을 넓히고 양발에 체중을 싣는다.

자연체

| 좌호본체 | 좌자호체 | 우자호체 |

02 맞잡기(Engagement positioning)

　잡기는 상대의 신장이나 자세, 메치기 기술에 따라 상대를 잡는 방법이 다양하다. 특히, 초보자에게 유도복 잡는 방법을 아무렇게나 가르침으로서 기술향상에 막대한 영향을 끼친다는 사실을 명심하여야 한다. 유도는 서로 맞잡고 움직이는 가운데 공격과 방어가 이루어지는 것이기 때문에 상대를 어떻게 잡느냐가 승부의 80% 이상을 차지한다. 따라서 맞잡기 경향도 개인적 경기스타일, 상대와의 접근, 선호도 등에 따라 변하게 된다. 잡기의 기본은 자연본체로 맞잡는 것이며, 오른손으로 상대의 옷깃을 잡고 왼손으로 바깥소매를 잡는다. 깃을 잡는 손은 낚는 손(들기)이라 하고, 소매 잡은 손을 당기는 손이라 한다. 단 시합에서는 오른손잡이와 왼손잡이가 서로 우자연체와 좌자연체로 서서 한 팔은 겨드랑이 밑으로 넣어 잡는 자세를 취할 수도 있다. 기본의 잡는 법을 확실히 익혀, 자신의 체형에 맞게 잡는 법을 숙달시키면 항상 자신에게 유리하도록 도움을 주게 된다. 이것이 곧 상대를 제압하는 첫걸음이 된다.

맞잡기

우자연본체 맞잡기

좌자연본체 맞잡기

잡는 방법

당기는 손은 상대의 소매 중앙(팔꿈치 바로 아래 부분)을 그림과 같이 새끼손가락부터 말아 잡는다.

엄지손가락을 깃 안쪽에 넣어 펴서 낚시대를 당기듯 잡는다.

여러 가지 잡기 자세

우자연체 맞잡기   좌자연체 맞잡기   좌·우자연체 맞잡기

양소매 잡기   양깃 잡기

왼쪽소매 양손잡기   오른쪽소매 양손잡기   한쪽소매를 양손잡기   한쪽으로 소매와 깃 잡기

맞잡아 상체 움직임

③ 가슴깃 기울이기

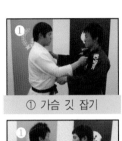
① 가슴 깃 잡기

② 가슴깃 들기

① 소매잡기

① 목뒤 깃 잡기

② 목뒤 깃 들기

③ 목깃 기울이기

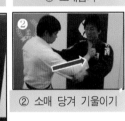
② 소매 당겨 기울이기

잡기의 규정

　서서잡기는 상대의 한쪽 소매와 같은 쪽 깃이나 한 깃을 6초이상 지속하여 잡으면 반칙이다. 그리고 초·중학생은 위 목깃과 등 잡는 것은 1~2초로 제한되어 있어 지속하여 잡으면 반칙이다. 그러나 앉아서 잡기는 서서 잡는 것과 다르다. 동시에 같은 쪽에 깃과 소매를 잡아도 반칙이 되지 않는다. 또한, 허리띠를 잡아도 반칙이 아니며, 팔를 걸어 껴서 잡아도 반칙이 아니다.

잡기 규정

초·중등학생은 목깃 잡는 것을 금지한다. 1,2초는 허용

초·중등학생은 등 잡는 것을 금지한다. 1,2초는 허용

목깃이나 등 잡는 것은 고등학생 이상은 반칙이 아니다.

소매 입구 안쪽으로 손가락을 넣으면 반칙.

소매 입구를 짜듯이 '일명, 권총 잡기' 잡으면 반칙.

소매 입구를 젖혀서 잡으면 반칙.

상대의 허리띠를 3초 이상 잡으면 반칙 (초중)

상대의 아래 깃을 6초 이상 잡으면 반칙

바지하단 입구에 손을 넣어 잡으면 반칙

소매와 깃 뿌리치기

잡힌 소매와 깃을 뿌리치는 방법

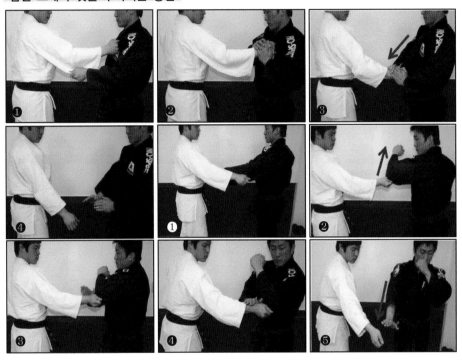

03 이동법(移動法, Shin tai, body shifting)

유도에서 자신은 안정을 취하면서 신체를 이동하는 방법에는 두 가지가 있으며, 걷는 방법(진퇴법)은 맞잡기에서 서로 자기의 중심을 안전하게 유지하고 상대방의 중심을 무너뜨리기 위해 앞뒤, 옆, 모 방향으로 걷기 또는 이어딛기로 이동하며, 상대를 공격할 기회를 신속히 찾아 민첩하게 움직여야 한다. 유도에서의 이동은 몸을 필요한 위치로 전후, 좌우, 어떤 방향으로도 옮기거나 몸의 방향을 변화시키거나 하는 것을 말한다. 매트 위에서 걸을 때는 내딛는 발은 발뒤꿈치 부분에 종이 한 장 정도가 들어갈 수 있도록 공간을 두고, 쓰는 발은 축이 되어 발의 엄지발가락(모지구) 부근에 체중을 많이 둔다는 요령으로 부드럽게 매트를 스치듯이 움직인다. 몸의 방향을 바꿀 수 있도록 정확하게 걷는 방법의 숙달이 필요하다.

내딛기(Ayumi-ashi) : 일반적으로 우리가 걷는 방법으로 발을 번갈아 가면서 내딛는 것을 말한다.
이어딛기(Tsugi-ashi) : 주로 본을 할 때 걷는 방법으로 오른발을 내디디면 왼발을 발뒤꿈치 부근에 내딛는 방법으로 걷는 것이다.

걷는 방법 1

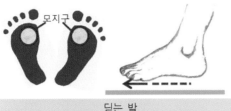

딛는 발
(모지구로 스치듯이 걷기)

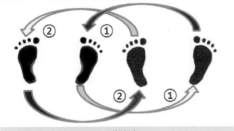

내딛기
(좌우 옆으로 걷기)

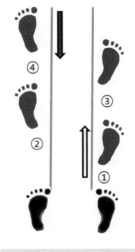

내딛기
(노란색-앞방향, 빨간색-뒤방향)

걷는 방법 2

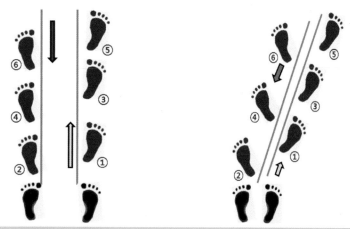

이어딛기
(앞뒤로 걸기, 노란색-앞방향, 파란색-뒤방향)

이어딛기
(대각선 옆으로 걸기, 노란-앞모, 파란방향-뒤모)

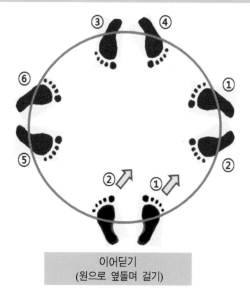

이어딛기
(원으로 옆돌며 걸기)

3. 기울이기, 지웃기 & 걸기

(Kuzushi, Balance breaking: Tsukuri, Set-up to execute technique: Kake, Execution of techniques)

01 기울어기(Kuzushi, Balance breaking)

기울이기는 발을 옮기면서 손으로 밀거나 당겨서 상대의 중심을 팔방으로 기울여 기술을 걸기 쉽게 하기 위해 상대를 불안정한 자세로 만드는 것을 말한다. 기술을 걸때는 상대의 몸의 균형(무게중심)을 무너뜨려 불안정한 자세가 되면 기울어진 방향으로 적절한 메치기 기술을 걸어야하는 것이 기본이다. 기울기에서는 받기(상대, Uke, defender)의 중심을 잡기(잡기, Tori, attacker)가 양손으로 기울여 기술을 걸기 좋은 자세로 만드는 과정을 말하며, 메치기의 3요소를 기울이기, 지읏기, 걸기로 기울이기의 숙달은 메치기 기술의 승패를 좌우하는 가장 중요한 요소이다. 따라서 본 서에서는 상대의 깃과 소매를 확실히 잡고 팔방으로 상대를 기울이는 연습을 아래 그림과 같이 자신(잡기)의 몸을 크게 움직여 상대(받기)의 중심을 무너뜨려 보자.

팔방기울기

뒤 왼모

왼옆

앞 왼모

뒤

우자연본체 맞잡기

앞

뒤 오른모

오른옆

앞 오른모

앞으로 끌어 상대 기울이기

옆으로 끌며 상대 기울이기

상대를 앞으로 끌어 들려 기울기

지웃기와 걸기(Tsukuri & Kake, set-up to execute technique and Execution of techniques)

지웃기는 상대방의 중심이 기울어졌을 때 상대를 메치기를 걸기 가장 좋은 위치에서 유리한 자세를 취하는 것으로 기울이기의 연속동작이라 할 수 있다. 아무리 상대방의 중심이 기울어졌다 하더라도 공격위치가 좋아야 기술 효과를 낼 수 있다. 따라서 상대의 중심을 기울여서 공격하기에 알맞은 상태로 만드는 것을 말하며, 이 상태에서 재빨리 기술을 걸어야 한다. 기울이기와 지웃기의 동작을 연결동작에 이어 걸기를 해야 하며, 끝까지 기울이고 중심을 유지하는 것이 중요하다. 특히, 지웃기와 걸기는 시간적으로 매우 짧은 순간, 거의 동시에 연결되어 초보자는 구별을 할 수 없을 정도이다.

지웃기

지웃기

걸기

걸기

4. 몸쓰기

(Taisabaki, Body control)

01 몸쓰기(Taisabaki, body control)

　　걷는 방법(진퇴법)과 몸쓰기가 유도의 기본동작이라 중요시 되었으나, 지금 한국 유도에서 지도하지(도) 않고 이해하지 못하는 상황이다. 몸쓰기는 자연체로부터 상대를 움직이는 과정에서 몸의 중심을 회전하면서 방향을 바꾸어 상대에게 공격하기 좋은 자세와 타이밍을 만드는 것을 말하며, 지웃기를 잘하려면 무엇보다 몸쓰기 (90°, 180°회전)가 잘되어야 한다. 앞서 설명한 유도의 기본 동작인 기울이기, 지웃기, 걸기, 몸쓰기 동작이 부드럽게 연결되어야 강한 유도, 잘하는 유도가 될 수 있다. 따라서 한판승을 위해서 이 기본동작을 반복적으로 연습하는 것이 매우 중요하다.

오른발 앞 왼쪽으로 몸쓰기

오른발앞 몸쓰기 (옆)

오른발앞 몸쓰기 (뒤)

왼발 뒤 왼쪽으로 몸쓰기

왼발 뒤 몸쓰기 (옆)

왼발 뒤 몸쓰기 (뒤)

오른발 앞 왼발 뒤 도는 몸쓰기

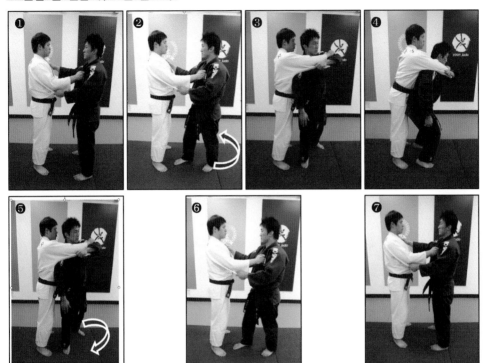

왼발 뒤 오른발 앞으로 도는 몸쓰기

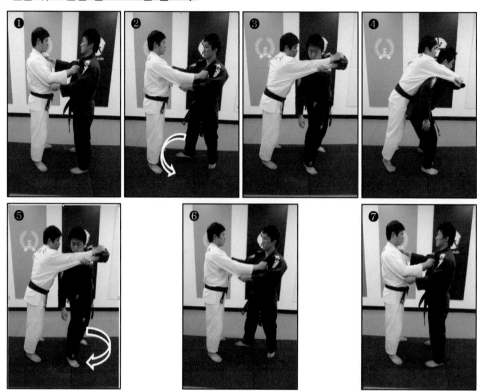

오른발 앞 왼쪽으로 돌아 우측으로 몸쓰기

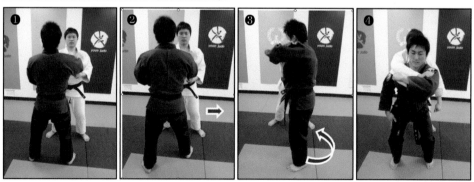

왼발 앞 앞 왼쪽으로 돌아 좌측으로 몸쓰기

손뼉쳐서 상대 중심 무너뜨리기

팔씨름으로 상대 중심 무너뜨리기

띠씨름으로 상대 중심 무너뜨리기

발밟기로 상대 중심 무너뜨리기

5. 낙 법
(Ukemi, Break fall)

  낙법(落法)은 한문의 뜻으로 풀어보면 '떨어지는 법'이라고 할 수 있으나 유도에서는 단순히 떨어지는 것이 아니라 '충격을 분산시켜 몸을 안전하게 보호하는 방법'을 의미한다.

01 낙법(落法, Ukemi, Break fall)

상대에 의해 메치기를 당했을 때 신체에 가해지는 충격을 보다 적게 완충역할을 하여 자신의 몸을 보호하기 위한 기본 동작을 낙법이라 할 수 있으며, 자신의 안전을 스스로 조절하는 것이 유도의 실제에서는 중요하다. 또한, 유도이외의 상황에서 야구(슬라이딩), 축구(태클이나 오버헤드킥), 배구(슬라이딩 리시브), 일상생활에서 미끄러지거나 넘어질 때 사용된다.

유도에 첫 입문하여 유도를 연습하는 데에는 앞서 설명한 맞잡기, 걷기, 몸쓰기, 기울이기, 지웃기와 걸기, 낙법 등과 같이 여러 가지 기본 동작 중 낙법이 가장 중요하다. 이는 메치기 연습시 몸에 받는 충격완화와 부상예방을 위해서, 공격과 방어에 두려움과 공포심이 없애기 위해서 반복하여 낙법 익히기를 확실히 연습해 두어야 한다. 따라서 메치기를 연습하기 위해서는 먼저 낙법부터 숙달한 다음 기술동작을 연습하는 것이 바람직한 순서이다. 낙법은 넘어지는 방향에 따라 후방낙법, 전방낙법, 측방낙법, 전방회전낙법, 공중회전낙법, 장애물 낙법 등으로 나누며, 이와 같은 순서에 따라 하는 것이 바람직하다.

후방낙법(後方落法, Ushiro-ukemi, Rear break fall)

낙법 중에 가장 먼저 배우는 후방낙법은 뒤 방향으로 넘어졌을 때 사용되는 낙법이다.

누운 자세에서 매트치기

   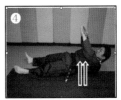

① 누운 자세로 턱을 앞으로 당겨 띠 매듭을 보면, 후두부가 매트에 닿지 않는다.

② 양팔을 들어 배부위의 띠 매듭 위에 두 손을 겹쳐 가볍게 내려친다.

③ 손바닥과 팔로 일시에 치며, 몸통(옆구리)과 팔의 각은 30~45도가 적당하다.

④ 매트를 내려친 반동으로 시작자세로 들어올린다.

후방낙법 1단계 : 다리 펴고 앉은 자세

① 앉은 자세로 다리를 앞으로 펴고 시선은 앞을 본다.

② 양팔을 들어 뒤로 굴러 넘어진다.

③ 두 손을 띠 매듭 위에 모은다.

④ 팔 전체로 매트를 치며 후두부가 닿지 않도록 한다.

⑤ 매트를 친 후 반동으로 두 팔을 들어 손을 모은다.

후방낙법 2단계 : 쪼그리고 앉은 자세

① 쪼그리고 앉은 자세로 양팔을 들고 앞을 본다.

② 뒤 구르면서 엉덩이를 발뒤꿈치 가까이 붙인다.

③ 엉덩이가 닿으면 무릎을 펴고 앞을 향한다.

④뒤로 누워 매트에 닿을 때 팔을 들어 친다.

다리는 자연스럽게 들어 올린다.

무릎을 곧게 편다.

턱을 가슴 쪽으로 당긴다.

시선은 띠를 본다.

머리는 매트에 닿지 않게 한다.

팔과 몸통(옆구리)의 각도는 30~45도가 적당하다.

팔을 곧게 편다.

⑤발은 위로 시선은 띠의 매듭, 양손을 위로 모은다.

잘못된 동작

뒤로 누울 때 후부두가 매트에 닿은 경우(앞에서 본)

뒤로 후두부가 닿고 팔이 몸통에 가까이 붙은 경우

후두부는 닿지 않고 팔이 몸통에 붙은 경우

뒤로 누울 때 후부두가 매트에 닿은 경우(옆에서 본)

뒤로 후두부가 닿고 팔의 각도가 너무 큰 경우

후두부는 닿지 않고 팔의 각도가 너무 큰 경우

후방낙법 3단계 : 선 자세

① 선 자세로 팔을 들어 펴고 앞을 본다.

② 쪼그리고 앉는 자세로 낮춘다.

③ 엉덩이를 발뒤꿈치 가까이 내려며 앉는다.

⑥매트를 친 후 반동으로 두 팔을 들어 손을 모은다.

④ 무릎을 펴면서 다리를 앞으로 향한다.

⑤ 뒤로 누워 매트에 닿을 때 팔을 들어 친다.

후방낙법의 익히기와 주의할 점

후방낙법의 익히기는 1단계에서 보는 바와 같이 누운 자세에서 팔을 들어 손바닥으로 매트치기를 반복하는 것처럼 2단계도 ①②③④⑤의 순으로 10회(초보자는 5~7회) 정도 반복한다. 3단계와 4단계도 같은 방법으로 숙달되도록 연습한다. 뒤로 넘어지는 후방낙법은 머리 뒤(후두부)를 안전하게 보호하기 위해 턱을 당기고, 적절한 타이밍에, 팔의 각도를 30~45° 정도로, 몸은 'L자' 형태로, 몸통부위에 충격이 적게 연습한다.

전방낙법(前方落法, Mae-ukemi, Forward break fall)

앞으로 넘어질 때 얼굴, 가슴 및 배 부위를 보호하는 낙법으로 양손을 팔자로 하여 앞으로 넘어지면서 매트에 낙법을 한다. 이때 양팔과 발끝으로 신체를 지탱하며 배와 무릎이 닿지 않도록 해야 한다. 전방낙법은 자유연습을 할 때 업어치기, 허리꺼치기 등을 메치지 못한 상대가 앞으로 넘어지면서 얼굴, 가슴, 배 등의 충격을 예방하기 위한 낙법이다.

전방낙법 1단계 : 무릎 앉은 자세

①②무릎을 꿇고 무릎사이를 어깨넓이로 하여 양손은 포인트의 그림처럼 삼각형을 만들다.

③ 손앞으로 쓰러지며 머리와 복부 등은 매트에 닿지 않게 주의한다.

④⑤무릎을 고정한 상태로 양팔이 고양이가 착지하는 것과 같이 완충역할(스프링의 쿠션)을 하여 체중을 분산시킨다. 내려치는 것과 동시에 얼굴은 정면이 매트에 닿지 않도록 옆으로 휘돌린다.

⑥양팔은어깨, 팔꿈치 및 손바닥이 삼각형이 이루어지도록 자세를 유지한다.

* 양손과 팔은 삼각형으로 팔꿈치는 직각으로 굽혀 어깨와 수직을 유지한다.

전방낙법 2단계 : 선 자세

① 선 자세에서 앞으로 쓰러지면서 1단계처럼 낙법을 한다.

② 양손을 삼각형을 만들고 다리는 어깨넓이로 서서 앞으로 쓰러진다.

③ 머리와 복부 등은 매트에 닿지 않게 주의하며, 얼굴을 옆으로 휘돌린다.

잘못된 자세

배부위가 매트에 닿은 경우

손 먼저 매트에 짚은 경우

무릎 먼저 매트에 닿은 경우

측방낙법(側方落法, Yoko-ukemi, Side break fall)

실제 연습에서 가장 많이 사용되는 낙법으로서 측방(좌우)으로 넘어질 때 자기 몸을 안전하게 보호하는 방법이다. 초보자는 두발이 교차되지 않도록 하며 발뒤꿈치로 치지 않도록 주의해야 하며, 좌우측 어느 쪽이든 똑같이 할 수 있도록 충분히 익혀야 한다.

측방낙법 1단계 : 누운자세

③ 왼팔은 매트를 치고 다른 오른팔은 띠의 매듭위에 댄다.

② 왼쪽으로 몸을 돌려서 팔 전체를 동시에 내린다.

② 오른쪽으로 몸을 돌려서 팔 전체를 동시에 내린다.

③ 오른팔은 매트를 치고 다른 왼팔은 띠의 매듭위에 댄다.

① 턱을 당겨 시선은 띠 매듭을 보며 팔을 들어 올린다.

측방낙법 2단계 : 쪼그리고 앉은 자세

① 발뒤꿈치를 들고 쪼 그리고 앉는다.

② 오른발을 좌측으로 비스듬히 앞으로 뻗고, 오른팔은 왼쪽 어깨까지 올린다.

③ 엉덩이부터 주저앉으 며 옆으로 넘어진다.

④ 팔로 일시에 치며, 옆 구리와 팔의 각은 30~45 도가 적당하다.

측방낙법 3단계 : 선자세

① 양발사이는 한 발만큼 벌린다.

②③ 오른발을 좌측으로 비스듬히 앞으로 뻗고, 어깨까지 올린 팔을 앞으로 돌린다.

④⑤ 무릎을 굽혀 엉덩이부터 주저앉으며 오른쪽 측방낙법을 한다.

왼팔이 같이 옆으로 넘어간 경우

올바른 자세

왼쪽 다리가 넘어가 교차하는 경우.

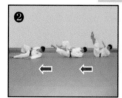   

전방회전낙법(前方回轉落法, Mae-mawari-ukemi, Forward rolling break fall)

앞으로 넘어지려 할 때 전방으로 회전하는 낙법으로 공(원)이 구르는 것 같이 회전하며, 측방낙법과 마찬가지로 좌우측 어느 쪽이든 똑같이 할 수 있도록 충분히 익혀야 한다.

먼저 누운 자세로 제자리에서 회전하여 측방낙법자세로 낙법이 숙달된, 다음은 선자세로 좌우 자연체 자세에서 전방으로 회전하는 낙법을 한다. 이때 일어나는 동작은 측면으로 매트를 치고 회전하던 탄력으로 배를 내밀어 앞을 보면 일어서도록 한다.

전방회전낙법 1단계: 누운자세

①우자연체 자세로 선다.

②③④⑤두 무릎을 가볍게 굽히고 상체를 앞으로 굽혀 왼손을 왼발 앞, 오른손을 오른발과 왼손 가운데에 짚고 정삼각형이 되도록 하며, 왼발을 차면서 오른쪽 팔꿈치, 어깨, 등, 엉덩이 순으로 회전하여 구른다.

⑥왼쪽 측방낙법자세로 낙법을 한다.

| 올바른 자세 | 오른쪽 다리가 넘어가 교차하는 경우 | 오른손을 너무 앞으로 내어 짚는 경우 | 오른손을 너무 안쪽으로 깊이 짚는 경우 |

전방회전낙법의 연속동작

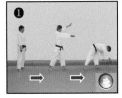 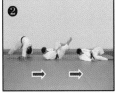 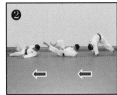 

전방회전낙법 2단계 : 선자세

공중회전낙법(空中回轉落法, Kousyu-kaiten-ukemi, Air rolling break fall)

유도의 본을 연습할 때 높이 뛰어 올라서 공중회전낙법을 할 때 사용한다. 공중회전낙법의 익히기는 서로 악수하듯이 맞잡고 왼손으로 상대의 도복 오른쪽 아래 깃을 잡으며 머리를 똑바로 앞으로 숙이면서 들어 떨어진다. 또는 손을 잡지 않고 상대의 띠를 잡고 하는 방법도 있다.

공중회전낙법

장애물회전낙법은 보다 멀리 뛰어 넘을 수 있도록 수련한 후 전방낙법과 공중회전낙법을 이용하여 유도의 낙법시범을 보이거나 장애물을 뛰어 넘어야 될 상황에 사용되는 응용한 낙법이다.

장애물 회전낙법

제3장 메치기 기술

1. 초보자를 위한 기술

(Shokyu muki - no - Nage waza, Technigues for beginners)

　메치기(Tachi - waza)는 몸 기울이기와 발 옮기기를 하여 상대편의 자세를 무너뜨린 다음 손, 발, 허리를 사용해서 상대를 넘기는 기술로 유도에서 가장 많이 사용하는 중추적인 기술로서 잘 알려진 기술이 많이 있다. 유도의 메치기 기술의 분류는 손기술(Te - waza), 발기술(Ashi - waza), 허리기술(Koshi - waza), 바로누우면서메치기(Masutemi - waza), 모로누우면서메치기(Yokosute - waza)로 나누어진다. 본서에서는 먼저 초보자들이 익히는 기술로써 손기술의 한팔업어치기, 허리기술의 허리껴치기, 발기술의 무릎대돌리기를 설명한다. 메치기 기술은 익히기를 통해 상대를 확실히 넘길 수 있도록 반복연습을 해야 한다.

한쪽 깃이나 소매를 잡고 업어치기를 하는 기술로 상대의 중심이 높고, 상대가 큰 사람일 때 기습적으로 상대의 허를 찌르는 기술로 자유연습이나 시합에서 많이 사용되고, 주특기 기술의 반대쪽을 익혀두면 좋다.

한팔 업어치기

① 상대와 자연본체로 우맞잡기로 마주선다.

② 상대왼손을 앞 위쪽으로 당기고 오른발을 상대 오른발 앞에 내딛는다.

③ 상대오른쪽겨드랑이 깊숙이 넣어 꼭 껴잡는다.

④ 오른발 축으로 왼발을 돌려 들어가 등을 밀착시켜 업는다.

⑤ 양발 발은 11자가 되고 머리는 앞·옆으로 숙인다.

⑥ 어깨에 상대의 체중 실어 당기면서 무릎을 펴 올리면서 메친다.

⑦ 상대가 매트에 떨어질 때 잡기는 좌호본체로 상체를 잡아 올려준다.

제자리에서 익히기가 어느 정도 숙달되면, 다음 단계로 상대를 끌며 익히기를 연습한다. 이때 3걸음 뒤로 끌면서 익히기를 하는 방법으로 오른손잡이는 왼발부터 뒤로 내딛으며 당겨 기울이고, 다음은 오른발을 뒤로 내딛어 당겨 기울이고, 마지막으로 왼발 뒤로 내딛고 오른발은 앞으로 내딛어 몸을 회전하여 기울여져 오는 상대를 그대로 받아 한팔업어치기를 한다. 여기서 기억해야 할 것은 아래 그림에서 보는 것과 같이 끌며 익히기는 몸이 회전하여 돌아 들어가는 발동작의 움직임이 반대(즉, 제자리에서 익히기 시에는 왼발이 뒤돌아 들어갔으나 끌며 익히기 시에는 오른발이 앞으로 돌아 나온다)라는 점이다.

끌며 한팔업어치기

초보자가 하는 두 번째 기술은 허리기술의 기본으로 한 팔로 상대방의 허리 뒤를 껴안고 다른 손으로 상대방의 반대쪽 소매를 잡아당기면서 등뒤에 실은 상대를 위로 들어 올리는 것처럼 메치는 기술이다.

허리껴치기

① 상대와 자연본체로 우 맞잡기로 마주선다.

② 상대왼손을 앞 위쪽으로 당기고 오른발을 상대 오른발 앞에 내딛는다.

③ 상대왼쪽겨드랑이 밑으로 깊숙이 넣어 잡는다.

④ 오른발 축으로 왼발을 돌려 들어가 중심을 낮추어 무릎을 굽혀 앉는다.

⑤ 낮추었던 양무릎을 스프링처럼 펴며 허리로 상대를 들어올린다.

⑥⑦ 상대왼소매를 크게 당겨 기울여고 허리를 껴안은 오른팔을 끌어 당겨 붙여 메친다.

⑧ 상대가 매트에 떨어질 때 잡기는 좌호본체로 상체를 잡아 올려준다.

허리껴치기도 한팔업어치기와 같이 초보자가 먼저 익혀야 하는 기술 중 하나로 비교적 간단하게 몸쓰기를 하여 기술을 할 수 있다. 제자리에서 익히기가 어느 정도 숙달되면, 다음 단계로 상대를 끌며 익히기를 연습해 보도록 하자.

끌며 허리껴치기

03 무릎대돌리기(Hiza - guruma, Knee wheel)

초보자가 하는 세 번째 기술은 발기술의 기본으로 상대방을 잡아당겨 중심을 앞으로 기울여 왼발로 상대의 왼쪽 무릎부위(슬개골) 밑에 대고 핸들을 돌리 듯 메치는 기술이다. 발기술은 자신의 체중을 지탱하고 균형과 안정을 유지하며, 상대의 중심을 이동시키는 기술이므로, 기본움직임인 몸쓰기와 기술 3단계 국면인 기울이기, 지웃기, 걸기를 익히는데 유용하다.

무릎대돌리기

① 상대와 자연본체로 우 맞잡기로 마주선다.

② 오른발을 오른옆으로 내딛어 발목을 돌린다.

③ 오른발을 축으로 상체를 왼쪽으로 크게 기울인다.

④ 왼발을 대고 왼소매를 힘있게 당겨 돌려 메친다.

제자리에서 익히기가 어느 정도 숙달되면, 다음 단계로 상대를 밀며 익히기를 연습하자.

밀며 무릎대돌리기

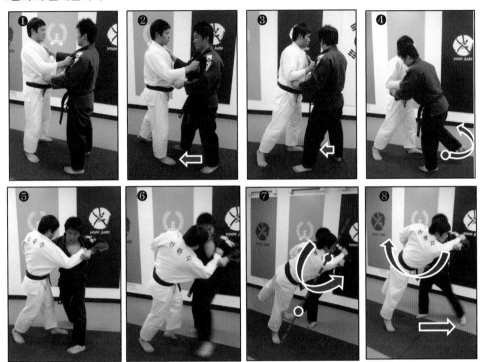

2. 손기술

(Te‑waza, Hand techniques)

상대를 앞모로 기울여 몸과 허리사이로 삼각형이 될 수 있도록 상대방을 등 뒤로 업어서 어깨위로 크게 원을 그리듯이 메치는 기술로서 유도의 가장 대표적인 기술 이며, 실전에서 가장 많이 사용되는 주특기 기술로 상대가 크고, 밀고 들어 올 때 사용된다. 보통 업어치기가 주특기인 사람은 가슴 깃을 잡는 자세를 취하고, 허리기 술을 주특기로 하는 사람은 목깃을 주로 잡고 시합이나 자유연습을 한다.

업어치기

① 자연본체로 우 맞잡기로 마주선다.
② 상대왼손을 앞 위쪽으로 당기고 오른발을 상대 오른발 앞에 내딛고 왼발을 뒤로 돌린다.
③④⑤⑥⑦⑧ 무릎을 구부려서 중심을 낮추고 다리와 발은 11자를 취한다. 상대 깃 잡은 손을 돌려 감아 앞으로 당기면 서 몸이 회전하면 자연히 상대 겨드랑이 밑으로 팔꿈치가 받쳐진다.

익히기를 하는 방법에는 같은 기술을 반복해서 연습하는 방법이 기술 연습의 기초이며, 이때 기울기 몸쓰기, 힘의 조절, 올바른 자세 등을 익히기를 통해 연습한다. 가장 먼저 제자리에서 상대를 고정시켜서 기술을 익히고, 다음 단계로 상대를 끌어당겨 기울이거나 밀어 이동시켜 익히기를 연습하는 방법이 있다. 끌면서 익히는 방법은 3걸음으로 움직여서 기술을 연습하는 것이 보통이나 숙련정도에 따라 2걸음, 한걸음으로 움직임을 다양하게 할 수 있다. 오른손잡이는 왼발부터 뒤로 내딛으며 당겨 기울이고, 다음은 오른발을 앞으로 내딛어 몸을 회전하여 기울여져 오는 상대를 그대로 받아 업어치기를 한다. 또한, 상대가 뒤로 물러나거나, 몸을 앞으로 많이 숙이고 있을 때는 돌아 들어가서 무릎을 낮게 즉, 상대의 가랑이 사이로 깊숙히 걸어야 한다. 이때 양무릎을 매트에 꿇어 닿지 않게 하는 것이 이상적이다.

끌며 업어치기

발의 기본동작을 연습하는 방법으로 초~중급자들에게 맞는 연습법은 벽을 상대라고 가정하여 발의 기본동작을 몸에 익히는 방법이 있다. 발의 움직임이 갖추어질 때 까지 몇 번이고 반복하는 것이 좋다. 업어치기 동작을 할 때에는 무릎을 굽히고 뒤꿈치가 매트에 닿지 않도록 하고, 양발이 벽과 나란하게 하는 것을 항상 의식해야 한다. 실제 업어치기에서 몸이 반만 들어가거나 다리와 발모양이 불안정한 상태라면 상대를 확실히 업어 칠 수 없게 되어, 역으로 기술을 되치기 당할 가능성이 높아진다.

벽보고 업어치기 연습법(다리동작 조정)

　전신의 기본 동작의 조정은 유도의 기본이 확실히 몸에 익은 선수에게 적당한 연습법으로, 개인 트레이닝에 행하여진다. 상대를 이미지화(상상)하면서 속도를 붙여서 동작을 반복한다. 업어치기로 들어가서 양발이 나란 할 때는, 양발간격을 어깨너비만큼 벌리고 앉는다. 발이 가리키는 방향은 똑바로 앞을 향하지만 다소 안쪽을 향한다(밖을 향하면 무릎을 굽혔을 때 힘이 밖으로 벗어난다).
또한 뒤꿈치가 매트에 닿지 않도록 한다. 이러한 익히기 동작을 10~20회를 1세트로 하여 수차례 반복한다.

혼자서 업어치기 연습법(전신동작 조정)

한팔업어치기(Ippon-seoi-nage, One-armed shoulder throw)의 응용

상대에게 오른쪽 팔 소매를 잡혔을 때 상대의 팔을 그대로 감아서 한팔업어치기을 한다.

한팔업어치기의 응용

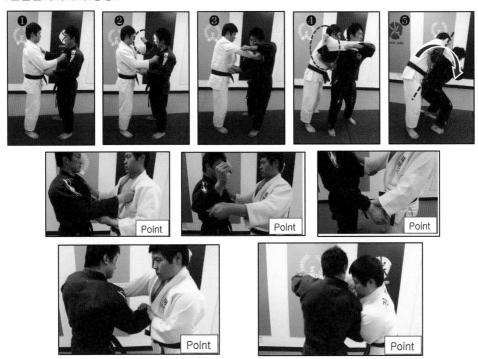

익히기를 하는 법에는 1인 익히기(혼자서)와 2인 1조 익히기(일반적으로 상대와 함께 하는 익히기)의 고정과 이동시켜 하는 방법을 소개하였으며, 이번에는 3인 1조

익히기로 받기(상대)가 둘이서 한사람을 받기로 다른 한사람은 받기의 허리띠를 잡아 당겨 버티는 힘을 조절한다. 잡기는 받기와 맞잡고 한팔업어치기를 걸기동작만을 반복하여 최대한의 힘으로 메치는 동작을 연습한다.

한팔업어치기(3인조 익히기)

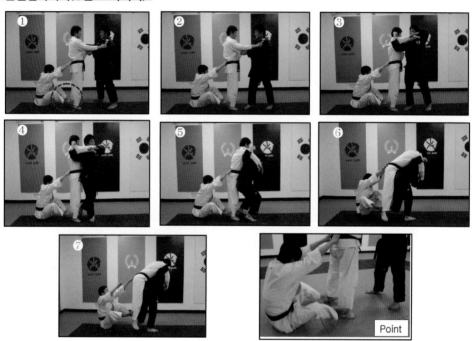

상대가 이동할 때 상대방의 중심이 두 발 끝에 실릴 때 왼발을 뒤로 돌려 상대방의 왼발 앞으로 옮겨 디디며 왼팔을 당기고 오른발로 밀어 올리면서 메치는 기술로서 상대방의 중심이 이동하는 순간을 이용하여 거는 타이밍이 적절하여야 하며, 상대의 허점을 노려 기습적으로 걸어야 효과적이다. 빗당겨치기는 오른 앞모로 무너뜨려 자신의 오른발에 체중이 실려 있는 받기의 오른발 바깥쪽으로 내딛어서 그것을 받침점으로 하여 양손을 강하게 당겨 기울여 메친다.

빗당겨치기(옆에서 본 모습)

① 자연본체로 우 맞잡기로 마주선다.

② 오른발을 양발사이 앞쪽에 내딛고 왼발을 조금 돌린다.

③ 상대 턱쪽으로 오른손을 위로 올리듯 잡아당긴다.

④ 팔꿈치는 상대 가슴에 받쳐 올리며 민다.

⑤ 왼발을 뒤로 돌고 오른발은 상대 오른발 밖으로 댄다.

⑥ 상대를 얼굴방향으로 왼소매를 크게 기울여 당긴다.

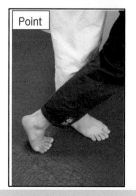

오른발의 위치

⑦ 발목을 받침점으로 무릎을 펴 대각선으로 상대를 메친다.

⑧ 상대가 왼쪽 측방낙법을 치도록 팔을 끝까지 잡아준다.

빗당겨치기(뒤에서 본 모습)

끌며 빗당겨치기

04 어깨로메치기(Kata-guruma, Shoulder wheel)

밀고 들어오는 상대의 힘을 역이용해 어깨 위로 걸어메어 머리 너머로 메치는 기술이다. 신체적 특성이 키가 작으면서 힘이 좋고 순발력 또한 우수한 사람에게 유리한 기술이며, 기술을 완전하게 발휘하지 못하면 오히려 상대방에게 눌려 주저앉을 위험이 있다.

어깨로메치기

① 자연본체로 우 맞잡기로 마주선다.

② 왼발을 뒤로 빼며 돌아서 무릎을 낮춘다.

③ 오른팔을 상대의 다리사이로 깊숙이 넣는다.

④⑤ 상대의 오른쪽 다리 무릎 관절 뒷부분(오금)을 감싸 안고 상대의 배부위에 어깨를 밀착시킨다.
⑥⑦⑧⑨⑩ 무릎을 굽혀 앉았다가 펴면서 어깨 위로 들어올려 오른발을 왼발쪽으로 붙이며 왼 소매를 잡아당겨 왼쪽어깨너머로 메친다. 상대는 왼쪽 측방낙법을 한다.

끌며 어깨로메치기

어깨로메치기는 본래 앞서 설명한 그림처럼 바로 선 자세가 되지만, 시합이나 자유연습에서는 좌호체로 중심을 낮게 하기 때문에 높이 들어올리기가 용이하지 않아 무릎을 사용한 낮은 자세를 취할 때가 많다.

무릎대고 어깨로메치기

또한, 시합이나 자유연습에서는 상대를 속여 어깨로메치기를 재빨리 거는게 꽤 효과적이기 때문에 오른손잡이가 왼쪽(반대쪽)으로 들어가는 것을 시합이나 자유연습시에 상당히 이점이 있음을 생각하고 연습해야만 한다.

무릎펴고 어깨로메치기

다리들어메치기(Sukui-nage, Scooping throw)

    상대가 허리기술이나 발기술을 하려고 할 때 상대의 허벅지를 감싸 잡아들어 올려 메치기는 기술로서, 본서에서는 오른손잡이가 우자연체 상대와 맞잡았을 때를 설명하고 있으나, 이 기술은 기본적으로 오른손잡이와 왼손잡이가 서로 우자연체와 좌자연체로 서서 한 팔은 겨드랑이 밑으로 넣어 잡는 자세를 취할 때 기술을 걸기가 쉽다. 이때 자기의 머리가 숙여지지 않도록 주의해야 한다. 머리를 숙이면 역으로 되치기를 당하거나 상대의 기술에 걸리기가 쉬워진다.

다리들어메치기

① 자연본체로 우 맞잡기로 마주선다.

② 우자연체로 상대를 밀어 밀리지 않을 때

③ 무릎을 굽혀 넣으며 허벅지 뒤를 잡는다.

④ 상대를 무릎과 허리를 펴 들어 올린다.

⑤⑥⑦⑧ 가슴까지 들어올린 상대를 깃잡은 오른손을 당겨 내리고, 허벅지 잡은 왼손을 들어 올리면서 허리와 허벅지에 대고 옆으로 돌려 메친다.

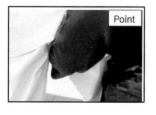

⑨⑩ 상대를 끝까지 당겨 우측측방낙법이 되도록 보조한다.

06 발목잡아메치기(Kibisu-gaeshi, Heel trip)

상대를 밀어 뒤로 물러가면 기습적인 공격으로 발목을 잡아 넘기는 기술로서 체격이 작고 큰 힘이 없는 여자나 초·중학생, 민첩하게 스피드가 빠른 사람이 많이 사용한다. 시합이나 자유연습에서 상대의 깃을 잡는 것과 동시에 발목을 잡아 넘기는 것이 어렵기 때문에 이 동작은 가능하면 빠르게 거는 것이 무엇보다도 중요하다.

발목잡아메치기

① 자연본체로 우 맞잡기로 마주선다.

② 우자연체로 상대를 밀면서 중심을 낮춘다.

③ 상체를 뒤로 밀어 기울여 다리를 잡는다.

④ 무릎관절 뒤부터 잡아내면서 발목을 잡는다.

⑤ 발목을 잡은 손을 낚아채듯이 당긴다.

⑥ 가슴깃은 뒤로 밀고, 발목을 잡아 올려 당긴다.

⑦ 상대를 끝까지 밀어 넘기며 후방낙법을 친다.

3. 발기술
(Ashi-waza, Foot or leg techniques)

　메치기의 발기술(Ashi-waza, Foot and leg techniques)은 체중을 지탱해야하고, 균형과 안정을 유지하여야하며, 중심을 이동시키는 기술로서, 신체의 지지·안정·이동을 담당하면서 공격과 방어를 동시에 수행하는 역할을 가진 중요한 기술이다. 이처럼 신체를 지지하는 발과 다리로 안정과 이동을 담당하여 공격과 방어가 가능하도록 동시에 수행하기 때문에 유도기술에서 매우 중요하다.

01 발목받치기(Sasae – tsurikomi – ashi, Supporting foot lift – pull throw)

상대의 중심을 앞 왼모로 끌어 당겨 기울이고 상대의 체중이 실려 있는 발을 한쪽 발바닥으로 발목에서 무릎 밑까지의 부위 앞에 대고 돌려 메치는 기술이다. 본서에서는 기본움직임인 몸쓰기와 기술 3단계 국면인 기울이기, 지웃기, 걸기를 익히는데 유용한 발기술을 무릎대고 선 자세 1단계부터 일어선 자세 3단계까지 단계적으로 설명한다.

발목받치기 1단계(무릎대고 선 자세)

① 상대는 무릎을 꿇고 잡기는 자연본체로 우 맞잡고 선다.

② 상대왼깃을 앞 왼모 방향으로 당기고 왼소매를 들어오른다.

③ 잡기는 오른발을 상대의 왼 무릎 옆에 댄다.

④ 상체를 오른쪽으로 크게 기울여 돌린다.

⑤ 오른발을 댄 상태로 상체를 크게 기울여 상대을 메친다.

⑥ 상대는 오른쪽 측방낙법자세가 되며 잡기는 좌호본체로 상체를 잡아 올려준다.

무릎대돌리기 2단계(쪼그리고 앉은 자세)

무릎대돌리기 3단계(일어선 자세)

상대의 체중이 한쪽 발에 얹히려는 순간, 또는 바닥에 내딛으려는 순간 그 발을 뒤 옆쪽에서 후려쳐 메치는 기술로서 잡기싸움을 할 때 잡는 동시에 재빠르고 효과적으로 거는 기술이다. 체격이 작은 사람이 유리한 발기술이며, 나오는 발을 걸어 넘기는 것을 특기로 하는 경우가 많다. 시합이나 자유 연습을 할 때에 경량급 선수나 작은 체격의 여자선수들이 비교적 많이 쓰는 경향이 있다. 또한, 발기술을 잘 하는 사람은 공격하는 방법이 다양해진다. 발기술을 끊임없이 반복연습을 했는가의 여부에 따라 기술이 점점 좋아진다. 주의할 점은 기술의 완성도가 낮거나 실수하면, 상대로부터 반격을 당하기가 쉽다.

나오는 발치기(쪼그리고 앉은 자세)

① 상대는 무릎을 꿇고 잡기는 자연본체로 우 맞잡고 선다.

② 상대 오른발앞으로 내딛어 오른손은 깃을 당긴다.

③ 상대를 앞 왼모로 돌려 기울인다.

④ 잡기는 오른발을 상대의 왼
무릎옆에 댄다.

⑤ 자신의 왼쪽 방향으로 후
린다.

⑥ 상대는 오른쪽 측방낙법을
치며, 잡기는 좌호체가 된다.

한발 뒤로 이동하며 나오는 발치기

① 서로 자연본체로 우 맞잡고 선다.

② 잡기는 왼발을 한발 뒤로 내딛는다.

③ 상대를 앞오른모로 기울이고 왼발을 상대 오른발·옆에 댄다.

④ 자신의 오른쪽 방향으로 후린다.

⑤ 상대는 왼쪽 측방낙법을 치며, 잡기는 좌호체가 된다.

Point

Check Point

나오는발치기로 공격할 때 기억해야 할 점

잡기는 시계반대방향으로 상대를 돌려 기울이면서, 상대의 나오려는 오른발 발목부위를 발바닥으로 상대의 오른발이 매트에 닿으려 할 때 신속·정확하게 매트를 스치면서 후린다(발치기한다). 후릴 때는 발가락에 힘을 주면서 동시에 무릎부위가 펴져야 한다. 상대를 이동시키면서 걸 때는 타이밍을 잘 맞추어야 한다.

3보 앞으로 밀며 나오는 발치기

① 서로 자연본체로 우맞잡고 선다.

② 잡기는 오른발을 한발 앞으로 내딛는다.

③ 잡기는 왼발을 한발 아으로 내딛는다.

④ 잡기는 오른발을 한발 앞으로 내딛는다.

⑤ 잡기는 상대를 앞오른모로 당겨 기울인다.

⑥ 완발로 상대의 오른발목을 오른쪽으로 후린다.

⑦ 상대는 왼쪽 측방낙법을 치도록 보조한다.

Point

한발 뒤 왼모로 상대가 왼모로 걸면 피하면서 나오는 발치기

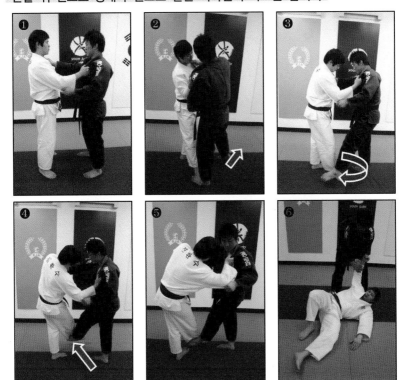

한발 뒤 끌어 상대가 당기면 밀어서 나오는 발치기

좌·우호체로 선자세에서 나오는 발치기

모두걸기는 발기술에 해당하는 기술로서 상대방을 우측 또는 좌측으로 움직이게 하여 한쪽 발로 상대방의 복사뼈를 이동 방향으로 후려서 메치는 기술이다. 작은 사람도 큰 상대를 비교적 쉽게 넘길 수 있는 기술이나 이를 능숙하게 사용하기위해서는 기술을 거는 타이밍이나 몸쓰기, 기울이기가 상당히 좋아야 한다. 이 기술은 옆으로 이동하는 상대의 발목(복사뼈 부위)을 잡기는 발바닥으로 쓸어 올리듯 메치는 기술로서 상대의 깃을 잡은 손을 옆으로 밀며 상대와 맞추어 이동하면서 상대의 보폭을 작게 만든다. 체중이 한쪽 발에 실리는 동시에 딛는 발을 상대에 중간(양발 사이)에 두고 거는 발은 자신쪽으로 당기듯 발을 후린다.

모두걸기

① 서로 자연본체로 우 맞 잡고 선다.

② 상대가 한발 이동하면 잡기는 옆으로 밀어 올리면 따라 간다.

③ 잡기는 상대의 왼발이 매트에 닿기 전에 왼쪽 가 슴깃을 올린다.

④ 상체를 올린 채 발바닥으 로 상대의 발목을 후리면서 돌려 아래로 잡아채듯이 메 친다.

　　상대와 발(호흡)을 맞추어 연습하며, 제자리에서 거는 연습이 익숙해지면, 옆으로 2보, 3보를 이동하면서 적절한 타이밍을 잡는 연습해야 한다.

옆으로 밀며 모두걸기

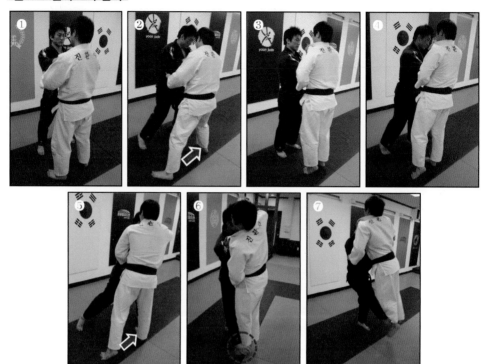

　　발의 기본동작을 여습하는 방법으로 상대가 앞에 있다고 가정하여 발의 기본동작을 몸에 익히는 방법이다. 발의 움직임이 갖추어 질 때 까지 몇 번이고 반복하는 것이 좋다. 모두걸기 동작을 할 때에는 좌·우로 팔동작을 하면서 동시에 다리를 후리는 연습을 한다. 또한, 유도에서는 준비운동이나 정리운동 때에 보조운동으로 연습하거나 발기술을 주로 사용하는 유도선수는 시합 전에 모두걸기 발동작으로 몸을 풀고, 긴장을 풀려고 많이 행하여진다.

혼자서 모두걸기 연습법(1보 이동 - 좌·우)

혼자서 모두걸기 연습법(3보 옆 이동 - 좌·우)

안뒤축후리기(Kouchi −gari, Small inner reap)

안뒤축후리기는 발기술에 해당하는 기술로서 뒤로 중심이 흐트러진 상대방의 안쪽(뒤꿈치)을 안다리후리기와 반대되는 동작으로 당겨 발바닥으로 후리듯 걸어서 뒤로 메치는 기술이다. 체격이 작은 사람도 효과적으로 사용할 수 있으며, 다른 기술과 연결하기도 쉽다. 또한, 상대의 되치기로부터 안정한 기술이다.

안뒤축후리기

① 서로 자연본체로 우 맞잡고 선다.

② 잡기는 왼발을 뒤로 내딛고 오른발을 상대의 오른발 앞에 내딛는다.

③ 잡기는 소매잡은 왼손을 아래로 당겨 기울이고, 오른손은 업어치기할 때 처럼 말아서 당긴다.

④ 잡기는 상대의 오른발 뒤꿈치 안쪽으로 후리려고 댄다.

⑤ 잡기는 상대를 뒤로 밀며 발바닥으로 후린다.

⑥ 잡기는 상대를 당겨 후리며, 턱부위를 오른손으로 밀어올린다.

⑦ 잡기는 엉덩이를 빼지 않고 뒤로 후려서 메친다.

끌며 안뒤축후리기

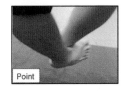

Point

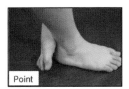

Point

안뒤축감아치기(Kouch-maki-komi, Small inner wraparound throw)

안뒤축감아치기는 발기술에 해당하는 기술로서 안뒤축후리기로 큰 상대를 넘기기에 힘이 부족하거나 약한 여자선수, 어린선수들이 많이 사용하는 기술이다. 이는 안뒤축후리기의 변형으로 안뒤축을 감아서 자신의 체중을 실어 메치는 기술이다.

안뒤축감아치기

①자연본체로 우 맞잡기로 마주선다.
②잡기는 왼발을 뒤로 내딛고 오른발을 상대의 오른발 앞에 내딛는다.
③④⑤⑥⑦무릎을 구부려서 중심을 낮추고 상대의 양다리사이로 오른발을 넣는다. 이때 상대의 소매를 잡아당기고 체중으로 상대를 뒤로 밀며 한팔업어치기하듯이 상대의 겨드랑이 밑으로 오른손을 넣는다. 오른다리와 오른팔로 상대의 오른발을 감아 계속하여 뒤로 밀며 메친다.

06 안다리후리기(Ouchi-gari, Large inner reap)

안다리후리기는 발기술에 해당하는 기술로서 상대의 중심이 뒤에 있을 때 발의 안쪽에서 걸어 뒤로 메치는 기술이다. 다른 기술과 연결하기가 쉬우며, 다양한 공격 방법으로 변화시킬 수 있는 기술이다.

안다리후리기

① 자연본체로 우 맞잡기로 마주선다.

② 잡기는 왼발을 뒤로 내딛으며, 상대의 오른소매를 당겨 기울인다.

③ 잡기는 업어치기하듯이 오른발을 상대의 양다리사이 앞에 내딛는다.

④⑤상대의 왼쪽 다리 무릎 관절 뒷부분(오금)을 감아 걸고 잡기는 몸을 밀착시킨 당겨 후린다.

⑥⑦잡기의 오른손으로 상대의 왼깃을 잡아 내리고 오른소매를 당겨 올린다. 이때 왼발로 중심을 유지하면서 오른발은 반원을 그리듯이 크게 후려서 메친다.

Point

Point

Point

끌며 안다리후리기

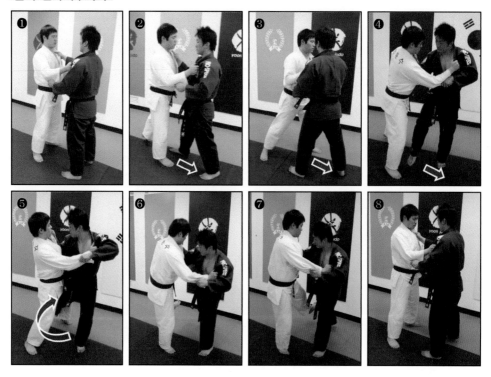

벽잡고 안다리후리기 연습법

혼자서 안다리후리기 연습법

  발다리후리기는 발기술에 해당하는 기술로서 뒤로 중심이 무너진 상대방의 체중이 실려 있는 발을 바깥쪽에서 크게 걸어 메치는 기술이다. 발기술이면서도 손으로 기울이는 동작이 어렵고 중심을 크게 움직여 기술을 걸기 때문에 되치기 당하기 쉽다. 이 기술은 키가 크고 하체가 긴 사람에게 유리한 기술이며, 시합에서 많이 사용하는 기술이다.

발다리후리기

① 서로 자연본체로 우 맞잡고 선다.

② 상대의 오른소매를 밀어 올리고 왼깃을 당겨 자신의 가슴에 붙인다.

③ 상대의 오른발 옆으로 잡기의 왼발은 충분한 사이를 두고 내딛는다.

④ 잡기의 들어올린 오른다리로 상대의 오른 무릎 뒤(오금)를 후린다.

⑤ 상대를 뒤아래로 누르면서 당기고 발가락이 매트에 스치 듯이 내려 후린다.

⑥ 이때 왼발의 중심을 잘 유 지한 채 메친다.

⑦ 상대는 왼쪽 측방낙법자세 를 취하고 잡기는 보조한다.

밀며 밭다리후리기

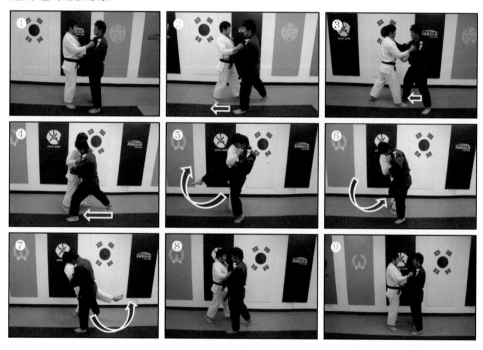

벽잡고 밭다리후리기 연습법

혼자서 밭다리후리기 연습법

08 허벅다리걸기(Uchi-mata, Inner thigh reap)

　허벅다리걸기는 발기술에 해당하는 기술로서 상대방의 체중이 두 발끝으로 옮겨지며 중심이 앞으로 기울어질 때, 왼발을 앞으로 옮겨 디디면서 오른다리를 펴서 상대방의 좌측 허벅다리를 깊숙이 후려 메치는 기술이다. 상대가 다리를 벌리고 서있거나 숙이고 있는 경우에 기술을 걸 수 있는 좋은 기회가 된다. 허벅다리걸기는 발동작의 흐름이나 움직임의 방향이 확실해야 하며, 양 무릎은 용수철과 같은 역할을 하고, 당기는 손은 얼굴을 따라 같은 방향으로 회전한다. 상반신이 떨어져 전방으로 머리부터 처박히는 것은 상당히 위험하고 반칙패에 해당한다.

허벅다리걸기(무릎자세)

① 잡기는 우자연체로 목깃을 잡고 서고, 상대는 오른쪽 무릎을 꿇고 앉는다.

② 양손을 위앞으로 당겨 돌리고 오른발로 상대의 양발사이로 넣는다.

③ 잡기는 소매잡은 왼손을 당기면서 오른쪽 허벅다리로 상대의 왼쪽 허벅다리를 걸어서 메친다.

④ 상대는 왼쪽 측방낙법자세를 취하고 잡기는 보조해준다.

허벅다리걸기(좌호체 자세)

① 상대는 좌호체로 양발를 벌리고 서고 잡기는 우자연체로 목깃을 잡고 선다.

② 상대 오른소매를 당겨 기울이고 오른발을 양발사이로 내딛는다.

③ 상대를 앞 왼모로 당겨 올리면서 가슴에 붙인다.

④ 잡기는 몸을 회전하며 오른쪽 허벅다리를 깊숙이 넣는다.

⑤ 상체를 크게 앞으로 기울이면서 허벅다리를 높이 걸어 올려서 메친다. 차는 다리의 발목을 펴야 한다.

⑥ 상대는 왼쪽 측방낙법을 치며, 잡기는 좌호체가 된다.

허벅다리걸기(선자세 – 좌측 옆면)

①서로 우자연체로 잡기는 목깃을 잡고 선다.

②양손을 위앞으로 당겨 돌리고 오른발로 상대의 양발사이로 넣는다.

③잡기는 소매잡은 왼손을 당기면서 무릎을 약간 굽혀 돌아 앉는다.

④⑤⑥⑦무릎을 튕겨 올리면서 허벅다리로 높이 걸어 올려 메친다.

Point

허벅다리걸기(선자세 – 우측 옆면)

벽잡고 허벅다리걸기 연습법

혼자서 허벅다리걸기 연습법

허벅다리걸기(3인조 익히기)

Point

끌어 당겨 허벅다리걸기

① 서로 우자연체로 서서 맞잡는다.

② 잡기는 왼발을 뒤로 내딛으며 상대의 오른소매를 당겨 기울인다.

③ 상대의 오른 깃을 돌려 올리면 당긴다.

④ 상대의 소매와 깃을 강하게 당기며 잡기의 오른발을 앞으로 내딛으면 몸을 회전한다.

⑤ 상대의 허벅다리 안쪽 깊숙이 넣어 크게 후려 메친다.

⑥ 상대는 왼쪽 측방낙법을 치고 잡기는 좌호체자세로 상대의 팔을 잡아준다.

4. 허리기술

(Koshi – waza, Hip techniques)

01 소매들어허리채기(Sode－tsurikomi－goshi, Sleeve lift－pull hip throw)

소매들어허리채기는 허리기술에 해당하는 기술로서 허리채기나 업어치기 기술과 비슷한 것으로 소매를 잡은 상태로 상대방을 낚아 올려 등으로 업어서 메치는 기술이다. 상대가 업어치기기술을 거는 것으로 알고 있을 때 좌·우로 어느 쪽이든 걸 수 있는 기술이다. 따라서 시합이나 자유연습 시 상대의 허점을 찌르는 기술로 효과적으로 사용하기 위해서는 잡기상대의 반대쪽으로 즉, 오른손잡이는 왼쪽, 왼손잡이는 오른쪽으로 기술을 걸어야 한다.

소매들어허리채기

① 서로 자연본체로 양소매를 잡고 선다.

② 상대의 오른발 앞에 오른발을 내딛고 양소매를 올려 당긴다.

③ 상대의 왼팔을 치켜들어 올리고 동시에 오른발을 앞으로 회전하여 내딛는다.

④ 잡기는 무릎을 튕겨 올릴 수 있을 정도로 굽히고 등을 붙이고 앉는다.

⑤ 잡기는 무릎을 펴고 몸을 앞으로 숙이며 회전하여 상체를 위로 당긴다.

⑥ 상대의 상체를 끝까지 위로 돌려 당겨 내리면서 메친다.

⑦ 상대는 왼쪽 측방낙법자세를 취하고 잡기는 보조한다.

끌며 소매들어허리채기

　허리튀기는 허리기술에 해당하는 기술로서 상대를 앞으로 당겨 눌려서 중심을 무너뜨리고 일어서는 타이밍을 포착하여 상대를 몰아 붙여서 허리를 상대의 하복부에 밀착시키고 무릎을 새우모양으로 굽혀서 허리의 탄력을 이용해 튕겨 올려 메치는 기술이다. 체격이 작은 사람도 용이하게 사용하며 예전에는 많은 사람이 사용하였으나 최근에는 사용빈도가 낮은 기술이다.

허리튀기

① 서로 자연본체로 잡기는 목깃을 잡고 선다.

② 잡기는 오른발을 뒤로 내딛으며 상대를 앞아래로 눌려 당긴다.

③ 상대가 일어설 때 쫓아 들어가듯이 오른발을 앞으로 내딛는다.

④ 잡기는 왼발을 돌려 들어가고 오른무릎을 새우등모양으로 굽혀고 앉는다.

⑤ 잡기는 무릎을 펴고 허리를 밀착시켜 허리와 다리를 튕겨 올리듯 후린다.

⑥ 상대의 상체를 끝까지 위로 돌려 당겨 내리면서 메친다.

⑦ 상대는 왼쪽 측방낙법자세를 취하고 잡기는 보조한다.

허리후리기(Harai-goshi, Hip sweep)

허리후리기는 허리기술에 해당하는 기술로서 오른다리로 상대방의 오른쪽 허리를 무릎 부분에서부터 위로 후려 올리면서 메치는 기술이다. 또한, 밀고 들어오는 상대를 그대로 돌면서 상대를 감듯이 다리바깥을 감아 후려 메치는 기술로 한발로 중심을 잡고 기울기, 지읏기, 걸기 등의 3국면을 정확히 익혀야 효과적으로 사용할 수 있다.

허리후리기

①서로 자연본체로 잡기는 목깃을 잡고 선다.

②잡기는 왼발을 앞으로 내딛으며 상대의 소매를 끌어 당긴다.

③잡기는 오른발을 돌아 들어가 무릎을 구부려서 중심을 낮춘다.

④⑤⑥잡기는 몸을 회전하면 상대의 왼다리 밖으로 후려 메친다.

허리후리기에서의 변화기술은 적지만, 시합이나 자유연습 시에 이 기술을 들어갔을 때 연속적인 움직임 중에서 기술의 변화는 감아 치듯이 걸 수밖에 없다는 것도 잘 알아야 한다.

허리후리기의 변형

5. 상급자를 위한 기술

(Jokyu muki-no-nage waza, Technigues for
advanced people)

배대뒤치기는 누우면서 메치기기에 해당하는 기술로서 자신이 먼저 바닥에 누우면서 어깨 뒤로 상대방을 메치는 기술이다. 체격이 작고 민첩한 사람이 많이 사용하며, 상대가 허리를 앞으로 낮추어 숙이고 방어하는 자세를 취할 때 효과적으로 메치는 기술이다. 특히, 시합에서는 누우며 메치는 기술이기 때문에 굳히기에 강한 사람이 굳히기기술로 연결하기 위해 많이 사용한다.

업어치기

①자연본체로 우 맞잡기로 마주선다.
②③상대를 앞오른모로 당겨 이동시켜 몸이 숙여지면 잡기는 오른발을 들어 올린다.
④⑤⑥⑦⑧⑨상대의 양발사이로 깊숙이 들어가 앉으며 잡기의 오른발은 상대의 오른다리 가랑이 안쪽을 발바닥으로 대고 눕고, 상체를 계속해서 끌어 당기면서 무릎을 펴면서 차올려 메친다.

Point

발뒤축후리기(Kosoto-gari, Small outer reap)

발뒤축후리기는 발기술에 해당하는 기술로서 상대방의 발뒤축 근처에서 앞쪽으로 강하게 끌어당겨 메치는 기술이다. 일명 "뒤까기, 덧가리, 떡가래"라고 사용되는 잘못 용어를 대한유도회에서 발뒤축후리기라는 용어로 현행 규정에 맞게 사용하도록 통일하였다. 이 기술은 좌·우자연체로 맞잡는 자세에서 유용하게 사용된다.

발뒤축후리기

①좌·우자연체로 맞잡는 자세로 선다.

②잡기가 오른발을 상대의 앞으로 내딛으면 기술을 거는 것으로 알아 뒤로 중심을 싣는다.

③이때 잡기는 다시 뒤로 건너가 오른발을 내딛고 상체를 뒤로 젖힌다.

④잡기는 오른다리를 깊숙이 뻗어 무릎을 굽히고 상체를 위로 끌어올려 뒤로 젖힌다.

⑤잡기는 뒤로 깊숙이 뻗은 오른다리를 대고 상대의 상체를 뒤로 끌어 당겨 내리면 젖힌다.

⑥⑦오른다리로 받쳐 걸고 상체를 계속 당겨 내리면 몸을 뒤로 허리를 젖히면서 눕듯이 메친다.

Point

모로걸기는 모로누우면서 메치기에 해당하는 기술로서 상대방을 갑작스레 앞쪽으로 당긴 뒤, 상대방 앞발의 바깥 복사뼈를 같은 쪽 발로 힘차게 후리고 몸을 옆으로 누이면서 모로 넘기는 메치기 기술이다. 발뒤축걸기와 비슷하나 상대와 함께 모로 누우며 넘기는 기술이다. 이 기술은 좌·우자연체로 맞잡는 자세에서 유용하게 사용된다.

모로걸기

①좌·우자연체로 우 맞잡고 선다.

②잡기가 왼발을 상대의 앞으로 내딛으면 상대기 당겨 이동시킨다.

③상대가 나오는 왼발의 발뒤축을 발바닥을 덴다.

④잡기는 상대가 버티고 서면 뒤로 앉아 누우면 상체를 뒤로 당겨 내린다.

⑤잡기는 뒤로 주저 앉으며 오른발로 상대의 발뒤축을 들어 올린다.

⑥상대의 왼발뒤축을 계속하여 올리고 상체를 끌어당겨 내린다.

⑦상대의 중심을 잡기의 체중 실어 당기는 힘에 의해 뒤로 메쳐진다.

⑧상대는 후방낙법을 친다.

　누우면서 던지기는 바로누우며 메치기 기술에 해당하는 기술로서 상대의 허리기술과 발다리후리기 기술에 대한 되치기기술로 많이 사용되고 있다. 본서에서는 상대를 뒤에서부터 품어 안듯이 해서 뒤로 던지는 기술로 설명하지만, 시합이나 자연연습 시에는 정면에 있는 상대를 안아서 힘차게 뒤로 던지는 경우도 볼 수 있다. 기술의 기본동작은 같으므로, 기술을 구사하는 사람이나 상대방의 체형이나 잡는 자세에 따라 다양하게 응용하여야 한다.

　기술의 설명은 아래와 같다.
　　① 상대가 허리후리기 기술을 들어오는 것을 기다려 무릎을 굽히고 몸을 낮춘 다음, 상대의 품에 들어가 양손으로 상대를 감싸 안는다.
　　② 상대를 자신의 복부에 올려놓듯이 해서, 감싼 상대를 뒤로 던져나간다.
　　③ 뒤에 넘어질 때는, 머리를 마루에 강타 당하기 않도록 주의한다.
　　④ 메치기 연습 시에는 스폰지 매트리스를 깔고 그 위에 메치도록 한다.

누우면서 던지기

오금대떨어뜨리기(Tani-otoshi, Valley drop)

오금대떨어뜨리기는 모로누우며 메치기 기술에 해당하는 기술로서 시합이나 자유연습을 할 때에 서로가 깃싸움을 하는 것을 싫어하기 때문에 한쪽 가슴깃만을 맞잡은 상태에서 기술을 거는 경우가 많다. 이때 이 상태로 6초 이상 이어지면 반칙이되므로 시합에서 이 기술을 걸 때는 주의를 기울여 한다. 또한, 기술을 거는 방법은겨드랑이 사이에 상대의 손을 끼우고 확실히 자물쇠로 채우듯이 해서 안빠지게 해서 그 손으로 상대의 뒤쪽 무릎관절(오름)을 감싸 잡는다. 특히, 굳히기기술로의 연결이 쉽기 때문에 굳히기가 강한 사람이 많이 사용하고 유용하다.

오금대떨어뜨리기

①좌·우자연체로 우 맞잡고 선다.

②서로가 한쪽 깃을 잡고 있을 때 잡기의 왼손이 상대의 왼소매를 잡는다.

③잡기가 상대의 왼팔을 겨드랑이 사이에 꽉 낀다.

④그 팔이 그대로 상대의 왼무릎 뒤쪽을 감싸 안으며 무릎을 갖다 댄다.

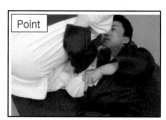

Point

⑤⑥상대를 무릎을 받치고 오금을 퍼올리듯 떠넘기며,후방낙법이 되도록 보조한다.

제4장 굳히기 기술

굳히기(Katame-waza)는 상대를 넘어뜨린 후 누르거나 조르거나 꺾어서 상대를 제압하는 기술이다. 최근 한국유도는 굳히기를 많이 하지 않는 경향이 있으나, 세계적인 유도의 흐름은 메치기 기술과 더불어 굳히기 기술이 중요하게 다루고 있다. 이는 유도를 잘 하려면 두 가지 기술 모두를 익혀야 하는데 유도는 서서 시작하는 것이 기본이기에 선기술이 부족하면 누운 기술인 굳히기로 승부를 내야 한다. 따라서 두 가지 기술을 모두 숙련되며, 자신감을 갖게 되어 매트에 넘어져도 두려워하지 않고 선자세에서도 여유를 갖고 시합에 우위를 차지할 수 있다. 또한, 메치기보다 익히는데 시간이 적게 걸린다는 장점이 있다. 굳히기 기술의 분류는 누르기 기술(Osaekomi-waza), 조르기 기술(Shime-waza), 꺾기 기술(Kansetsu-waza)로 나누어진다. 본서에서는 먼저 굳히기의 기본동작을 설명하고 누르기, 조르기, 꺾기 등으로 설명한다.

1. 굳히기 기본동작
(Kihon - dousa katame - waza, Basic motion of grappling techniques)

굳히기의 기본동작은 누르기를 할 때 상대가 누르기로부터 빠져 나가지 못하게 하는 움직임이나, 누르려고 상대를 움직임, 상대로부터 빠져나오는 움직임 등을 설명한다. 처음에는 혼자서 움직이는 법을 연습하고 다음에는 둘이서 굳히기(누워서) 자유연습을 하면서 시합하는 것처럼 기본동작을 익히도록 한다.

상대의 몸을 꽉 쥐어짜듯이 눌러서 빠져나오지 못하게 하는 힘을 향상하기 위해 배를 매트에 대고 기는 자세에서 양팔의 힘만으로 앞으로 당겨 나가는 동작이다. 누르기로부터 빠져나온 상대를 팔에 힘만으로 제압하는 동작이다. 이 움직임을 반복 연습하는 것이 상체의 강화와 양 겨드랑이를 짜는 힘을 강화하는데도 사용된다. 주의할 점은 발은 사용하지 않고 팔로만 끌어 당겨 앞으로 나아간다.

엎드려 앞으로 끌기

누르기를 당한 상태에서 빠져나오는 움직임으로 곁누르기 등으로 누르기를 당했을 때 상대로부터 빠져나오기 위해 사용되는 동작이다. 브릿지는 굳히기를 당하는 상태에서 허리나 등을 띄어서 상대를 돌릴 때 사용하는 동작이다. 어깨를 지지하면서 받쳐서 버티면서 몸을 틀어 대가선 위로 등을 띄우도록 한다. 시합이나 자유연습시 좌·우로 흔들어서 빈틈을 만들어 곁누르기나 위누르기로 당했을 때 브릿지를 반복해서 상대의 움직임에 빈틈이 생긴 순간 한 번에 몸을 틀어 돌리는 것을 익힌다.

누워 팔 빼기(반브릿지)

　　발을 교대로 좌·우로 바꾸어서 넘기는 움직임으로 상대로부터 몸이 떨어지지 않
도록 하여 누르기를 한 상대로부터 눌린 팔을 빼내기 위한 움직이다. 허리를 틀면
서 한 쪽발을 축으로 하고 좌·우로 발을 교대로 바꿔는 방식으로 연습한다. 상대
가 세로누르기나 가로누르기 등을 할 때 상대의 무릎을 잡아 밀거나 당겨 공격자로
부터 빠져나올 때 좌·우로 발을 바꾸어 넣으면서 상대를 몸을 위로 체중을 실어
떠넘기는 것을 익힌다.

누워 팔과 다리빼기 - 브릿지

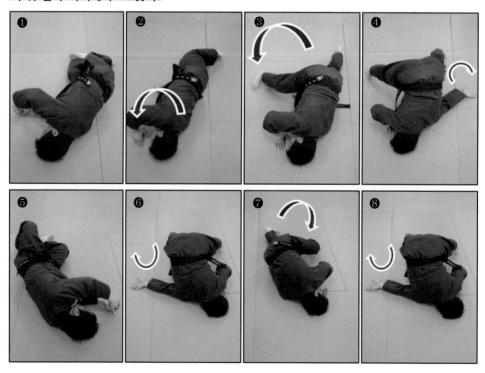

기본동작 4 (다리 펴기)

　좌·우 다리를 굽히고 펴면서 위에서 공격하는 상대의 자세를 무너뜨릴 때 누워 있는 상태에서 우측다리를 폈을 때는 좌측다리는 굽혀서 당기는 방법으로 양다리를 번갈아 굽히고 펴는 연습을 반복해야 한다. 시합이나 자유연습 시 위에 있는 상대에 무릎 위에 굽힌 다리의 발바닥을 대고, 강하게 앞으로 눌려 밀어서 상대의 자세를 무너뜨린다.

다리 펴기

 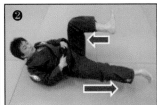 

　상대가 위에서 공격해 올 때 상대의 허벅지(대퇴부) 안쪽에 넣은 자신의 발을 감아 돌리는 것으로 상대를 머리 방향, 대각선 위 방향 및 옆으로 넘길 때 사용한다. 누운 상태에서 양발을 들고 원을 그리듯이 양발을 돌리는 방법으로 안쪽 돌리기나 바깥돌리기가 있기 때문에 어느쪽도 사용할 수 있도록 연습한다. 시합이나 자유연습시 다리 돌리기는 상대가 위에서 공격할 때 상대를 자신쪽으로 당겨 안쪽 허벅지에 발을 넣고 돌려서 옆으로 넘길 때에 많이 사용되므로 능숙하게 다루기 위해서는 끊임없이 반복 연습을 해야 한다.

다리 돌리기

　위에서부터 공격해오는 상대를 자신의 상체를 일으킨 상태에서 상대의 가랑이 사이로 한쪽 발을 넣어 들면서 뒤로 회전하여 위에 있는 상대를 돌려 넘기는 동작이다. 이 동작은 굳히기의 넘기기 기본이 되는 움직임이기에 확실히 연습해 두어야 한다.

허리띠 잡아 뒤로 떠넘기기

2. 누르기 기술

(Osaekomi-waza, Hold down techniques)

01 곁누르기(Kesa-gatame, Scarf hold)

곁누르기는 누르기 기술 중에서 가장 기본적인 동작이며, 좌·우 한쪽에서 팔로 상대방의 팔을 제압하고 다른 팔로는 상대방의 목을 감고 상체로 가슴을 눌러 움직이지 못하게 하는 기술로서 겨드랑이끼리 눌러 붙이고 팔과 목을 걸어서 상대를 누르는 기술이다. 누르기를 한 사람은 양발을 앞·뒤로 크게 벌려서 몸의 균형을 잡고, 상대방에게 넘어가지 않는 연습을 한다. 한편 눌린 사람에게는 빠져나오는 법을 이해하기 가장 좋은 기술이다. 시합이나 자유연습시에 가장 많이 사용하는 기술이다.

곁누르기 자세

머리를 숙여서 누른다.

상대의 팔을 겨드랑이 사이에 붙인다.

목을 감아서 뒤에 있는 깃을 잡는다.

양발은 크게 벌려 몸의 균형을 잡고 상대의 움직임에 따라 펴고 굽혀서 조절한다.

상대의 팔꿈치밑부분의 소매를 자신의 왼손으로 잡는다.

변형 곁누르기 자세

머리와 겨드랑이 사이로 손을 짚고 있으면 상대가 넘기려는 동작을 제압하기가 좋다.

빠져 나오기 1

곁누르기에서 빠져 나오고 누르는 연습방법은 아래와 같다.

①②③④ 잡기는 곁누르기로 누르고, 받기는 잡기의 뒤 허리띠를 왼손으로 잡고 몸을 비틀어 잡기의 등 쪽으로 붙인다. 상대방을 밀어 빈틈사이로 무릎을 받치고 왼손은 잡기의 복부 앞쪽으로 깊숙이 넣어 허리띠를 잡는다.

⑤⑥⑦ 받기는 잡기의 복부 앞 허리띠에 잡혀있는 오른손과 허리를 감아 잡은 왼손을 복부 앞에서 가까이 붙여 잡고 잡기를 튀긴다. 자신의 복부에 올려놓듯이 무릎과 팔을 이용하여 왼쪽 어깨를 축에 체중을 실으며 브릿지하여 대각선 위 방향으로 뒤집는다.

⑧⑨⑩ 뒤집어진 잡기는 그대로 받기가 되고, 받기는 곁누르기 자세를 취하는 잡기가 된다. 이 과정을 반복하여 연습할 수 있다.

곁누르기에서 빠져나오기 1

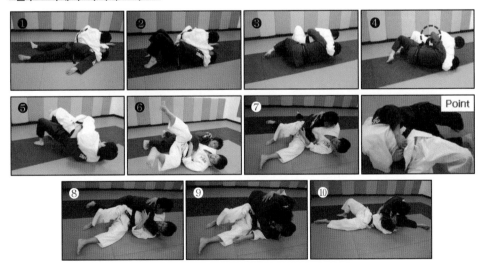

곁누르기에서 빠져 나오는 방법은 아래와 같다.

①②③④ 잡기는 곁누르기로 누르고, 받기는 잡기의 뒤 허리띠를 왼손으로 잡고 몸을 비튼다. 잡기의 등 쪽으로 밀어 붙이고 왼쪽 어깨 축으로 넘기려고 할 때 잡기가 넘어가지 않으려고 반대로 체중을 실으면 재빨리 오른쪽 어깨 축에 체중을 실으며 브릿지하여 팔과 다리를 빼면서 돌아서 빠져나온다.

곁누르기에서 빠져나오기 2

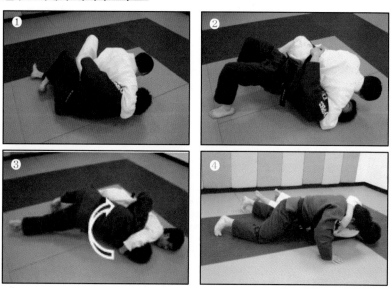

어깨누르기는 상대방의 한쪽 팔을 같은 쪽 머리 위로 밀어 붙이고, 팔로 목과 겨드랑이를 감싸면서 어깨를 눌러 움직이지 못하게 누르는 기술이다. 상대의 어깨와 목을 감아 잡고 있던 양손은 목뒤에서 악수하듯이 꽉 잡는다. 하반신의 자세나 움직임에는 정해진 것이 없기 때문에 무릎을 세우거나 배를 깔아서 눌러도 좋다. 주의할 것은 상대에게 발이 휘감기지 않도록 하는 것이다. 상대의 발에 휘감기게 되면 누르기 "풀려"상태가 된다. 휘감기지 않으려면 상대의 몸에 최대한 밀착시킨다. 이 기술은 상대의 목과 어깨가 조이면서 눌려지기 때문에 쉽게 빠져 나오기 어렵다.

어깨누르기 자세

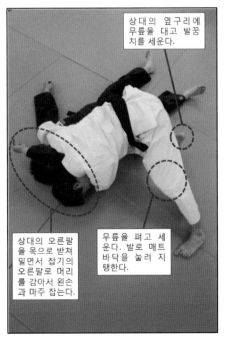

상대의 옆구리에 무릎을 대고 발꿈치를 세운다.

상대의 오른팔을 목으로 받쳐 밀면서 잡기의 오른팔로 머리를 감아서 왼손과 마주 잡는다.

무릎을 펴고 세운다. 발로 매트 바닥을 눌러 지탱한다.

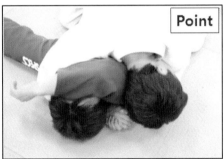

Point

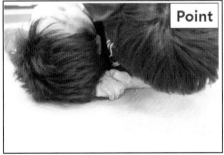

Point

어깨누르기에서 빠져 나오고 누르는 연습방법은 아래와 같다.

①②③④ 받기는 잡기의 뒤 허리띠를 왼손으로 잡고 몸을 비틀어 잡기의 등 쪽으로 붙인다. 상대방을 밀어 빈틈사이로 무릎을 받치고 오른팔과 왼손으로 밀고 있는 잡기의 목 부위를 밀어낸다.

⑤⑥⑦ 받기는 다리를 들어 올렸다가 내리는 반동으로 윗몸일으키기 하듯이 잡기의 뒤 등 쪽으로 목과 어깨를 계속해서 밀쳐 넘긴다.

⑧⑨⑩ 뒤집어진 잡기는 그대로 받기가 되고, 받기는 어깨누르기 자세를 취하는 잡기가 된다. 이 과정을 반복하여 연습할 수 있다.

어깨누르기에서 빠져나오기 1

어깨누르기에서 빠져 나오는 방법은 아래와 같다.

①②③④ 잡기는 어깨누르기로 누르고, 받기는 잡기의 뒤 허리띠를 왼손으로 잡고 목브릿지을 하여 상대를 띄우고 몸을 왼쪽 어깨 쪽으로 비틀었다가 다시 오른쪽으로 회전하여 비튼다.

⑤⑥⑦⑧ 잡혀 눌려 있는 오른팔로 잡기의 목을 밀어내면서 좌·우로 반복하며 몸을 비튼다.

⑨⑩⑪⑫ 반복하여 비틀어서 빈틈을 만들어 왼쪽 어깨 축에 체중을 실어 팔과 다리를 빼면서 브릿지를 힘차게 하여 몸을 획 돌려서 빠진다.

어깨누르기에서 빠져나오기 2

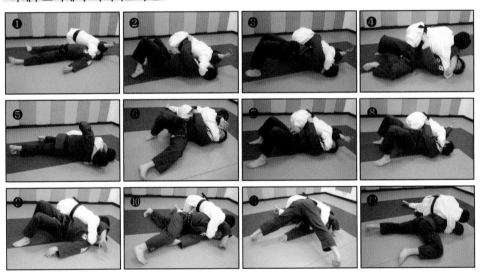

어깨누르기에서 빠져 나오는 방법은 아래와 같다.

①②③ 잡기는 어깨누르기로 누르고, 받기는 두 손을 맞잡아 잡기의 목과 어깨 사이를 벌리면서 몸을 비틀어 브릿지을 하여 잡기를 밀어낸다.

④⑤⑥⑦ 다리를 들어 올려서 앞뒤로 흔들다가 잡기의 빈틈을 이용하여 반동으로 뒤굴러 넘어가 빠져나온다.

어깨누르기에서 빠져나오기 3

03 위누르기(Kami-shiho-gatame, Top four-corner hold)

위누르기는 누워 있는 상대방의 어깨 위에서 머리를 다리 쪽으로 향하고 엎드린 자세로 두 손으로 상대의 양어깨 밑에서부터 좌·우의 허리띠를 잡아 당기며 양 겨드랑이를 조여 상대의 얼굴 위로 가슴을 덮어 누르는 기술이다. 주의할 점은 허리띠를 꽉 잡고 배(복부)에 힘을 주어 확실하게 상대를 눌려야 한다는 점이다.

위누르기의 변형인 위고쳐누르기(Kuzure-kami-shiho-gatame)는 위누르기의 형태에서 한쪽 팔을 상대의 어깨 위에서 밑으로 돌아 상대의 상완부(팔꿈치와 어깨사이)를 감아서 뒤 목깃을 움켜잡는 자세의 누르기 기술이다.

위누르기 자세

상대의 상체를 가슴으로 누르고 좌·우 허리띠 옆을 잡아당겨 조여 양팔과 머리를 못 움직이게 한다.

양발끝을 세워 체중이 상대에게 실리도록 지지한다.

위고쳐누르기 자세

상대의 어깨 위에서 밑으로 돌아 상대의 상완부를 감아서 뒤 목깃을 잡는다.

양무릎과 발끝을 세워 체중이 상대에게 실리도록 지지한다.

Point

Point

Point

위누르기에서 빠져 나오는 방법은 아래와 같다.

①②③④ 잡기는 위누르기로 누르고, 받기는 두 손으로 상대의 상체를 잡고 브릿지를 하여 밀어 올린다. 내려오는 순간에 오른손은 목을 밀고 몸을 같은 방향으로 옆으로 돌린다.

⑤⑥⑦⑧ 이 때 잡기와 받기는 T자 모양으로 되며, 오른손은 잡기의 허리띠를 잡고, 왼손은 배(복부)부위의 띠를 안쪽에서 잡는다. 잡은 상태에서 오른쪽 어깨 축에 체중을 실으며 브릿지를 하면서 대각선 위 방향으로 떠넘긴다.

⑨⑩ 뒤집어진 잡기는 그대로 받기가 되고, 받기는 위누르기 자세를 취하는 잡기가 된다. 이 과정을 반복하여 연습할 수 있다.

위누르기에서 빠져나오기 1

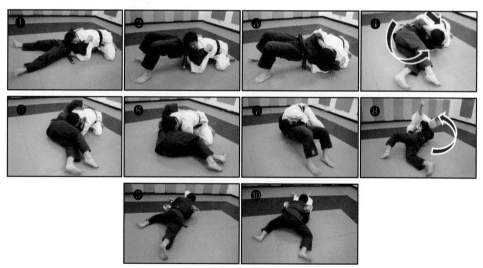

위누르기에서 빠져 나오는 방법은 아래와 같다.

①②③④⑤⑥⑦⑧⑨ 잡기는 위누르기로 누르고, 받기는 좌·우로 반브릿지를 반복하여 빈틈을 노린다. 잡기의 누르는 상태가 느슨할 때 좌·우 어느 쪽이든 틈이 있는 쪽으로 옆으로 돌려 넘긴다.

⑩ 뒤집어서 받기는 그대로 위누르기 자세로 반격하고 이는 위에서 설명한 것과 같은 방식으로 서로 잡기와 받기를 연속적으로 바꾸어서 빠져나오는 연습을 반복한다.

위누르기에서 빠져나오기 2

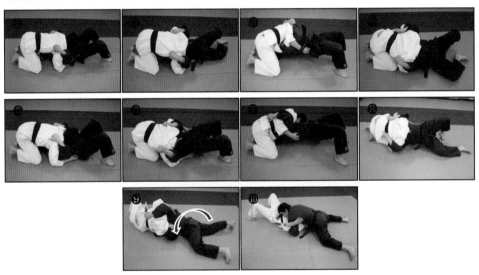

가로누르기는 누워 있는 상대의 몸 옆(팔, 목, 가슴, 허리)에서 한 손으로는 목을 껴안는 자세로 어깨 쪽 목깃을 잡고, 다른 한손으로 허벅다리를 사이에 끼고 누르는 기술로서, 어느 형태라도 가슴으로 상대의 가슴을 누르는 것이 중요하다. 상대가 움직여 빠져나오려고 할 때에는 좌·우 다리를 바꾸어 주면서 무릎을 상대의 몸 옆에 붙여 놓아야 한다.

가랑이 사이로 넣어 잡은 손의 위치(허리띠를 잡거나 상의 도복하단을 잡는 경우)가 다르더라도 같은 기술이라 할 수 있다.

가로누르기 자세

허리띠나 상의 하단을 잡는다.

목을 껴안아서 어깨 쪽 목 깃을 잡는다.

빠져 나오기 1

가로누르기에서 빠져 나오는 방법은 아래와 같다.

①②③④⑤ 잡기는 가로누르기로 누르고, 받기는 몸을 오른쪽으로 비틀면서 위에 있는 왼손은 등 쪽의 허리띠를 잡고 아래 깔려 있는 오른팔을 최대한 뻗어 잡기의 무릎이나 발목부위를 잡는다. 이때 상대가 누르는 방향과 반대방향으로 브릿지를 하면서 대각선 위 방향으로 왼쪽 어깨 축에 체중을 실어 떠넘긴다.

⑥ 뒤집어진 잡기는 그대로 받기가 되고, 받기는 가로누르기 자세를 취하는 잡기가 된다. 이 과정을 반복하여 연습할 수 있다.

가로누르기에서 빠져나오기 1

가로누르기에서 빠져 나오는 방법은 아래와 같다.

①②③④⑤ 잡기는 가로누르기로 누르고, 받기는 오른발로 허리띠를 잡힌 팔을 밀어 몸에서 떨어지도록 한다. 이 때 상대가 누르고 있는 방향과 반대방향으로 반브릿지를 하면서 상대를 옆으로 돌려넘긴다.

가로누르기에서 빠져나오기 2

가로누르기에서 빠져 나오는 방법은 아래와 같다.

①②③④ 잡기는 가로누르기로 누르고, 받기는 왼손으로 상대의 목을 밀어 몸을 떨어지게 하여 왼발로 목 부위를 꼬아서 제압한다.

⑤⑥⑦⑧⑨ 이때 왼손은 허리띠를 잡고 오른손으로 발목이나 바지를 잡아 상대의 목을 꼬았던 왼발로 머리를 밀어 넣는다. 대각선 아래 방향으로 떠넘겨 빠져 나오는 동시에 그대로 받기가 삼각누르기 자세를 취한다. 삼각누르기의 자세한 내용은 다음페이지에서 설명한다.

가로누르기에서 빠져나오기 3

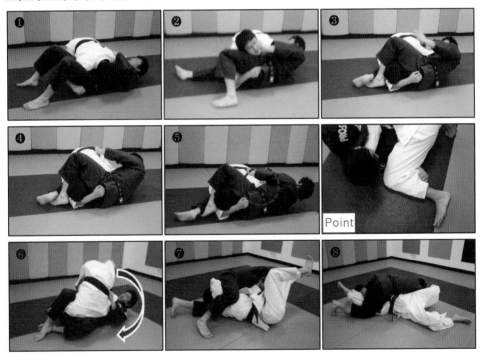

삼각누르기는 삼각조르기에서 응용되어진 기술로서 최근 시합에서 많이 사용되고
있다. 자신의 양발로 상대의 목과 한쪽 다리를 잡아 움직이지 못하게 누른다. 반드
시 상대의 목과 한쪽 다리를 함께 잡아 놓아야 반격을 당하지 않는다.

삼각누르기 자세

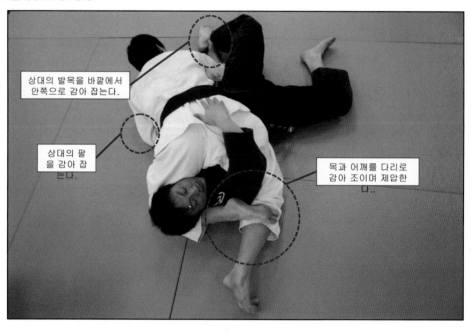

상대의 발목을 바깥에서
안쪽으로 감아 잡는다.

상대의 팔
을 감아 잡
는다.

목과 어깨를 다리로
감아 조이며 제압한
다..

위에서 공격하여 삼각누르기의 방법은 아래와 같다.

①②③④ 받기의 겨드랑이 속으로 발을 끼워 넣고 팔과 머리를 제압한다. 왼손으로 상대의 오른 팔꿈치 소매를 잡고, 오른손은 상대의 허리띠를 잡는다.

⑤⑥⑦⑧ 잡기는 발을 끼워 넣은 쪽 옆으로 누워 양팔로 상대의 오른팔을 제압한 뒤 오른팔을 감아 자신의 왼쪽 가슴 깃을 잡는다. 왼손으로 상대의 왼손을 당겨 가랑이 사이로 꽉 조인다.

⑨⑩⑪⑫⑬ 이 때 잡기의 오른손으로 상대의 띠나 상의 하단을 잡아 팔을 엮어 놓는다. 그 다음 왼팔을 매트에 지지하여 몸을 돌려 상대위에 올라 앉는다. 그리고 상대의 발목을 바깥에서 안쪽으로 감싸 잡아당긴다.

삼각누르기 1

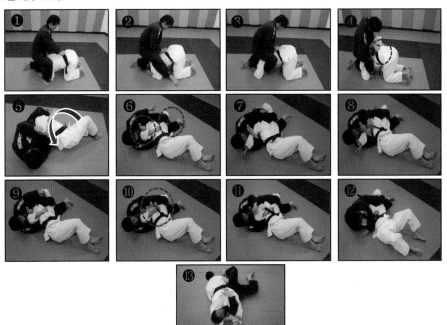

위에서 공격하여 삼각누르기의 방법은 아래와 같다.

①②③④ 받기의 겨드랑이 속으로 발을 끼워 넣고 팔과 머리를 제압한다. 왼손으로 상대의 오른 팔꿈치 소매를 잡고, 오른손은 상대의 허리띠를 잡는다. 잡기는 팔꿈치 소매 잡은 쪽으로 몸을 구르면서 눕는다.

⑤⑥⑦⑧⑨⑩ 겨드랑이에 껴넣은 발과 허리띠를 끌어 당기면서 상대를 돌린다. 양팔로 상대의 오른팔을 제압하여 몸을 돌려 상대위에 올라앉는다.

삼각누르기 2

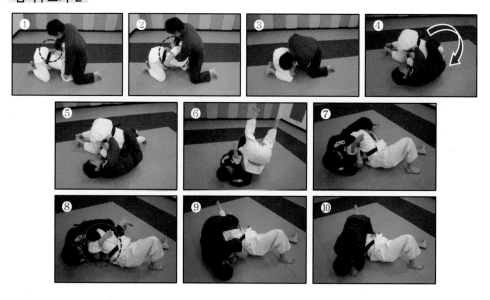

세로누르기는 누워 있는 상대방의 배 위쪽에 올라앉은 자세로 엎드려 상반신을 제압함으로써 움직이지 못하도록 누르는 기술이다. 자신의 양 발목을 상대의 양발에 꼬아 놓으면, 상대의 상반신과 함께 하반신의 움직임도 제압 할 수 있다.

세로누르기 자세

양 발목을 상대의 양발에 감아서 꼬아 놓는다.

머리 옆을 상대의 오른 상완 부에 대고 양손을 십자형이 되게 맞잡아 제압한다.

세로누르기 1

위에서 공격하는 세로누르기의 방법은 다음과 같다.

①②③④⑤⑥ 받기가 엎드려 있을 때 같은 방향으로 등 뒤에 올라타고 상대의 허리띠를 잡아 당겨 올리면서 양발을 가랑이 사이로 끼워 넣는다. 이 때 상대 의 양 가슴깃을 같은 쪽으로 잡고 눌러서 제압한다. 그 다음 몸을 돌려 누워서

상대를 배위에 올려놓고 양발로 상대의 양허벅지를 제압한다.

⑦⑧⑨⑩⑪⑫⑬ 상대의 한쪽 어깨를 죽지 걸어 올리면서 상대의 몸 위로 올라
갈 때는 왼쪽다리로 상대의 오금을 떠넘기면서 밑에 깔려 있는 몸을 뺀다. 완
전히 올라가서는 상체를 양팔로 감싸 잡으며 제압하고 동시에 양발로 다리를
꼬아서 하체도 제압한다.

세로누르기 1

위에서 공격하여 세로누르기의 방법은 아래와 같다.

①②③④⑤ 받기가 엎드려 있을 때 같은 방향으로 등 뒤에서 상대의 양 가슴깃을 같은 쪽으로 잡고 몸을 돌려 누워서 상대를 배위에 올려놓는다.

⑥⑦⑧⑨ 상대의 한쪽 어깨를 죽지 걸어 올리면서 상대의 몸 위로 올라가서는 상체를 양팔로 감싸 잡으며 제압하고 동시에 양발로 다리를 꼬아서 하체도 제압한다.

세로누르기 2

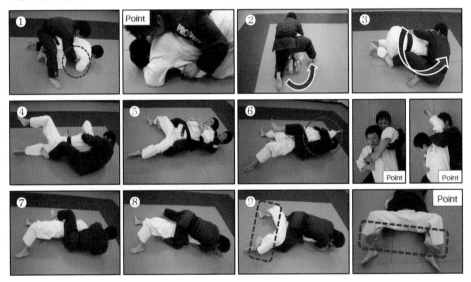

07 누워서 공격하는 방법

누워서 상대방을 공격하는 방법으로 굳히기의 기본동작인 다리펴기, 다리돌리기, 허리띠잡고떠넘기기 등과 같은 동작을 능숙하게 익혀 놓으면 누워서 공격하는 방법이 수월해진다.

누워서 공격 1

앉아서 옆으로 돌려 공격하는 방법은 아래와 같다.

①②③④⑤ 잡기는 위에서 공격하는 받기를 앉은 자세에서 상대의 오른쪽 깃과 소매를 잡고, 오른발은 왼다리 허벅지 안쪽에 넣고 왼발은 발바닥으로 무릎에 댄다. 상체는 왼쪽으로 당기고 왼발로 무릎을 밀고, 오른발은 우로 들면서 왼쪽으로 돌린다. 상체를 계속하여 당기면서 돌린다.

⑥⑦⑧⑨ 상대를 돌린 후 상황에 따라 여러 가지 형태의 누르기로 제압할 수 있다. 상대의 한쪽 어깨를 죽지 걸어 올리면서 세로누르기를 하던지, 곁누르기, 가로누르기, 위가로누르기 등으로 다양한 자세로 제압할 수 있다.

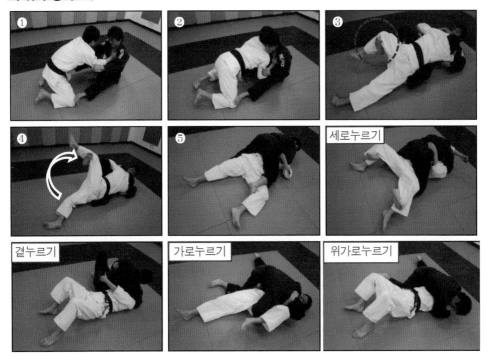

누워서 공격 2

앉아서 띠잡아 옆으로 왼쪽으로 돌려 공격하는 방법은 아래와 같다.

①②③④ 잡기는 위에서 공격하는 받기를 앉은 자세에서 왼손은 등뒤의 허리띠를 잡고 오른손은 겨드랑이 안쪽으로 넣어 팔을 감싸 잡아 올린다. 동시에 오른발은 왼다리 허벅지 안쪽에 넣고 왼발은 발바닥으로 무릎을 밀어 상체를 앞으로 끌어당긴다.

⑤⑥⑦ 오른발로 상대의 왼다리를 들어 올리면서 상대를 돌린다. 이 때 상대의 왼팔이 빠지지 않도록 주의해야 하며 상대의 몸 위로 올라타 양발을 꼬아서 세로누르기로 제압한다.

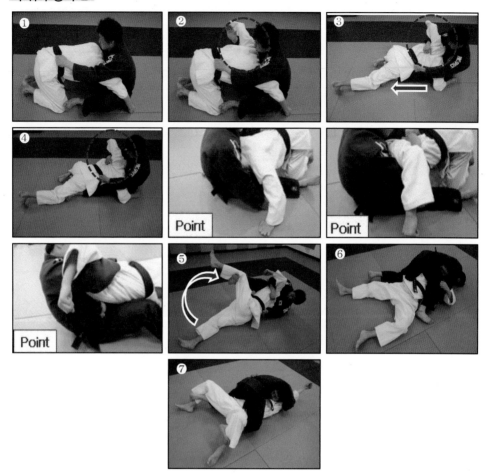

앉아서 띠잡아 옆으로 오른쪽으로 돌려 공격하는 방법은 아래와 같다.

①②③④⑤⑥⑦ 잡기는 위에서 공격하는 받기를 앉은 자세에서 오른손 잡이로 맞잡고 왼발은 왼다리 허벅지 안쪽에 넣고 오른발은 발바닥으로 무릎을 밀어 상체를 앞을 끌어당기면서 앞쪽에 겨드랑이 안쪽으로 넣어 상대의 왼팔을 감아 당겨 오른쪽으로 상체를 기울이고 왼손은 등뒤의 허리띠를 잡아당긴다.

⑧⑨⑩ 왼발로 상대의 오른다리를 들어 올리면서 왼팔이 머리 위쪽으로 쭉 펴지게 당겨내면서 상대를 돌린다. 완전히 돌린 후에 상대의 몸 위로 올라타서 양발을 꼬아 세로누르기로 제압한다.

누워서 공격 3

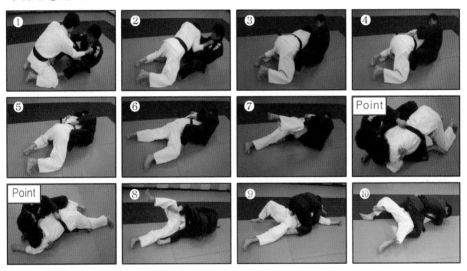

앉아서 띠잡아 머리 위로 떠넘겨 공격하는 방법은 아래와 같다.

①②③④⑤ 잡기는 위에서 공격하는 받기를 앉은 자세에서 머리 위로 오른손은 등 뒤의 허리띠를 잡고, 왼손은 겨드랑이 안쪽으로 감아 돌려 올려서 오른손목을 잡는다. 양팔로 오른쪽으로 당겨 누르면서 오른발을 가랑이 사이로 깊숙이 넣는다.

⑥⑦⑧⑨⑩⑪ 오른발로 상대의 안쪽 왼다리 허벅지를 차올려 상체를 당기면서 머리와 어깨의 대각선방향 위로 상대를 떠넘긴다. 완전히 돌려 넘긴 후에 상대의 몸 위로 올라타서 양발을 꼬아 세로누르기로 제압한다.

누워서 공격 4

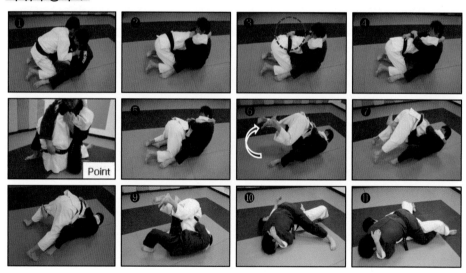

위에서 상대방을 공격하는 방법으로 상대의 머리앞, 등위, 다리앞 등의 방향에서 공격하는 방법을 설명한다.

위에서 공격 1

위에서 팔과 다리 잡아 몸 안쪽으로 뒤집어 공격하는 방법은 아래와 같다.

①②③ 엎드려 있는 받기의 오른팔 팔꿈치소매와 오른다리 무릎부분의 도복을 잡아 올리면서 왼무릎을 세워서 상대가 도망가지 못하도록 막고 두 무릎을 펴며 두 손을 잡기 앞쪽으로 잡아 당겨 들어 올린다.

④⑤⑥⑦ 들어 올려 뒤집어 오른쪽 무릎을 상대의 옆구리에 대고 가슴부터 상대의 몸을 가로누르기로 제압한다.

위에서 공격 1

위에서 팔과 다리 잡아 몸 바깥쪽으로 뒤집어 공격하는 방법은 아래와 같다.

①②③ 엎드려 있는 받기의 왼팔 팔꿈치소매와 왼다리 무릎부분의 도복을 잡아 올리면서 왼무릎을 세워서 상대가 도망가지 못하도록 막고 두 무릎을 펴며 두 손을 잡기 바깥쪽으로 잡아서 밀어 올린다.

④⑤⑥ 들어서 뒤집어 오른쪽 무릎을 상대의 옆구리에 대고 가슴부터 상대의 몸을 가로누르기로 제압한다.

위에서 공격 2

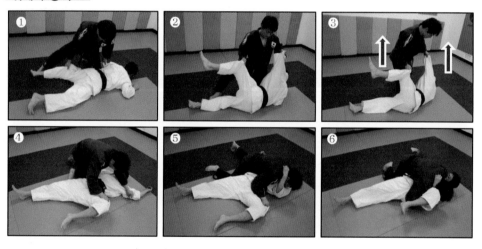

위에서 팔 잡아 **빼면서** 공격하는 방법은 아래와 같다.

①②③ 무릎 꿇고 엎드려 있는 받기의 오른쪽 옆에서 왼손은 겨드랑이 안쪽을 넣고 오른손은 머리 쪽으로 넣어 상대의 왼팔 팔꿈치를 잡아당긴다.

④⑤⑥ 상대의 왼쪽 팔을 잡아 **빼면서** 상체로 들어서 돌려 뒤집는다. 이 때 위 가로누르기로 제압한다.

위에서 공격 3

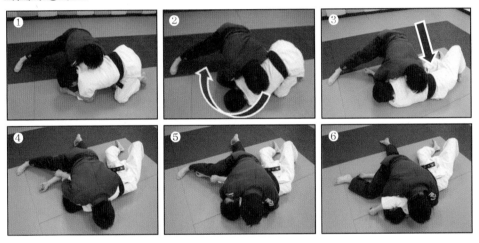

위에서 띠잡아 팔을 끼워 옆돌려 공격하는 방법은 아래와 같다.

①②③④ 잡기는 위에서 무릎을 끊고 엎드려 있는 받기를 오른손으로 등뒤의 허리띠를 잡고 왼손은 어깨 앞에서 겨드랑이로 감아 돌려서 오른손목을 잡는다.

⑤⑥⑦⑧ 오른쪽 어깨을 축으로 상체를 끌어당겨 돌리면서 잡기도 몸을 따라 돌아서 상대를 위가로누르기로 제압한다.

위에서 공격 4

위에서 양 깃을 잡아 옆돌려 공격하는 방법은 아래와 같다.

①②③ 잡기는 위에서 무릎을 끊고 엎드려 있는 받기의 머리 앞쪽에서 양 겨드랑이 안쪽으로 넣어 양쪽 가슴 깃을 잡고 자신의 오른어깨쪽으로 머리를 숙여 옆으로 돌려 누워서 오른손으로 왼쪽 겨드랑이 안쪽으로 감아 올려당긴다.

④⑤⑥ 겨드랑이를 안쪽에서 목쪽으로 오른손을 감고, 왼손은 계속하여 깃을 잡고 당겨 붙인다. 완전히 돌려 상체가 위로 올라오면 위고쳐누르기로 제압한다.

위에서 공격 5

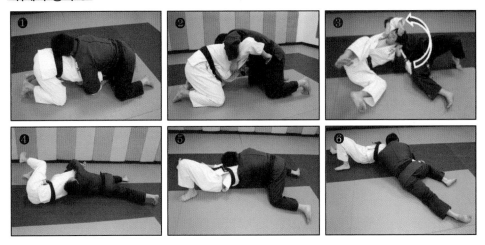

앉아 있는 상대를 위에서 공격하는 방법은 아래와 같다.

①②③④ 앉아 있는 상대를 위에서 상체를 먼저 제압한 후 오른팔로 상대의 한쪽 다리를 잡아 올려 누르면서 가슴 깃을 잡고 왼손은 다른 한쪽의 무릎부위를 도복을 잡아 눌려 무릎으로 대고 제압한다.

⑤⑥⑦ 무릎을 타고 넘어가서 오른손은 가랑이 사이로 허리띠를 잡고 왼손은 목깃을 잡아서 가로누르기로 제압한다.

위에서 공격 6

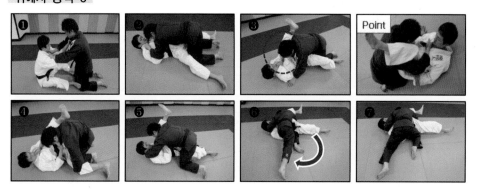

누워 있는 상대의 위에서 양다리를 잡아 공격하는 방법은 아래와 같다.

①②③ 상대의 양 무릎을 잡아당기면서 누르고 오른쪽 무릎으로 상대의 오른쪽 무릎을 대고 눌러 제압한다.

④⑤⑥⑦ 무릎으로 눌린 상태로 상대를 타고 넘어가서 곁누르기로 제압한다.

위에서 공격 7

누워 있는 상대의 위에서 양다리를 잡아 옆돌아 공격하는 방법은 아래와 같다.

①②③④ 상대의 양 무릎을 잡고 왼쪽 무릎 위로 왼쪽 어깨측으로하여 옆으로 구른다.

⑤⑥⑦⑧ 계속해서 양무릎을 잡고 재빨리 몸을 돌려 상대의 머리쪽으로 상체를 눌러 곁누르기로 제압한다.

위에서 공격 8

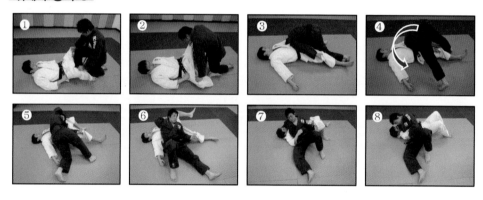

엎드려 있는 상대의 위에서 공격하는 방법은 아래와 같다.

①②③④ 받기가 엎드려 있을 때 같은 방향으로 등 뒤에 올라타고 상대의 허리띠를 잡아 당겨 올리면서 양발을 가랑이 사이로 끼워 넣는다. 이때 상대의 양가슴깃을 같은 쪽으로 잡고 눌러서 제압한다.

⑤⑥⑦⑧⑨ 상대의 양쪽 깃을 잡아당기면서 상대의 등 뒤쪽으로 다리를 빼면서 몸을 머리 위로 올라와 위고쳐누르기로 제압한다.

위에서 공격 9

상대의 양다리의 가랑이 사이에 잡기의 다리가 끼인 상태에서는 "누르기"로 선언하지 않는다. 눌려있는 상태에서 그림①, 그림②, 그림③ 등과 같이 상대가 한쪽 다리를 꼬았다면 "누르기 풀려"가 선언된다. 또한, 그림④, 그림⑤등과 같이 누르기 도중에 받기의 허리가 들려지고 양 무릎이 매트에 닿은 상태가 2~3초 계속되거나 목과 팔이 양다리로 끼인 상태로 매트에 양 무릎을 대고 계속 되어지면 "누르기 풀려"가 선언된다.

누르기 풀려 상태

3. 조르기 기술
(Shime - waza, Strangling techniques)

01 누워있는 상대의 위에서 조르기

누워있는 상대의 위에서 조르기는 조르는 손의 형태에 따라 십자조르기, 외십자조르기, 역십자조르기 등이 나눌 수 있다.

십자조르기(Nami−juji−jime, Normal cross strangle)

잡기는 양손을 십자로 교차시켜 양손의 엄지손가락이 안쪽으로 나머지 네 손가락은 바깥쪽으로 해서 받기의 양쪽 목 옆 깃을 깊게 잡고 잡아당기듯 눌러서 목의 양측을 압박하여 조른다.

외십자조르기(Kata−juji−jime, Half cross strangle)

잡기는 한쪽 손의 손바닥을 위로 향하도록 하여 네 손가락이 받기의 목 옆 깃 안으로 들어가게 하여 잡고 한쪽 손은 엄지손가락이 안으로 들어가게 십자조르기와 같이 조른다.

역십자조르기(Gyaku−juji−jime, Reverse cross strangle)

잡기는 양손의 네 손가락이 안쪽으로 들어가고 엄지손가락은 바깥으로 나오도록 하여 받기의 양쪽 목 옆 깃을 잡고 잡아당기듯 눌러서 목의 양측을 압박하여 조른다.

십자조르기	외십자조르기	역십자조르기

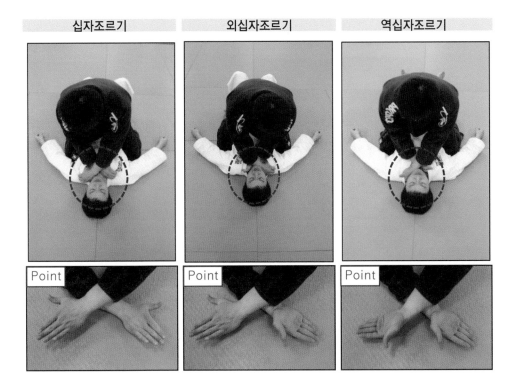

Point

Point

Point

위에서 공격하는 상대를 앉아 누워서 조르기는 누워있는 상대를 조르는 것과 같이 잡기와 받기의 위치가 바뀌어 있는 경우이다. 본서에서는 손의 형태에 따라 십자조르기, 외십자조르기, 역십자조르기 등으로 설명하고 있다.

십자조르기(Nami-juji-jime, Normal cross strangle)

잡기가 위에 있는 상대에게 양손을 십자로 교차시켜 양손의 엄지손가락이 안쪽으로 나머지 네 손가락은 바깥쪽으로 해서 받기의 양쪽 목 옆 깃을 깊게 잡고 잡아당기듯 눌러서 목의 양측을 압박하여 조른다.

외십자조르기(Kata-juji-jime, Half cross strangle)

잡기는 위에 있는 상대에게 한쪽 손의 손바닥을 위로 향하도록 하여 네 손가락이 받기의 목 옆 깃 안으로 들어가게 하여 잡고 한쪽 손은 엄지손가락이 안으로 들어가게 십자조르기와 같이 조른다.

역십자조르기(Gyaku-juji-jime, Reverse cross strangle)

잡기는 위에 있는 상대에게 양손의 네 손가락이 안쪽으로 들어가고 엄지손가락은 바깥으로 나오도록 하여 받기의 양쪽 목 옆 깃을 잡고 잡아당기듯 눌러서 목의 양측을 압박하여 조른다.

십자조르기	외십자조르기	역십자조르기

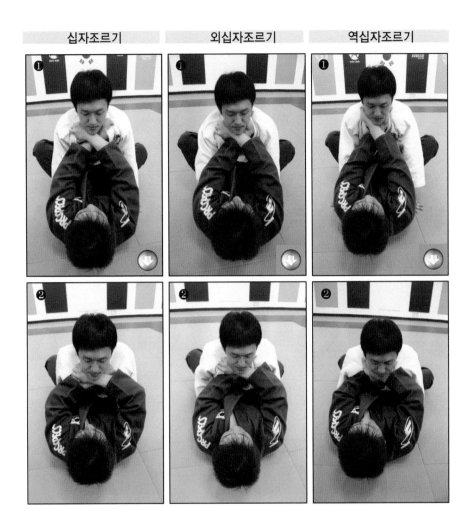

삼각조르기(Sankaku—jime, Triangular strangle)

양다리를 사용하여 조르는 기술로서 위에서 공격하는 상대의 상체를 잡아당겨 양다리로 목과 팔을 잡고 한쪽 발목을 다른 쪽 오금에 넣어 꼬아서 왼팔을 잡아당겨 조른다. 삼각누르기에서 응용으로 팔을 잡아당기면서 조르기를 할 수 있다.

삼각조르기

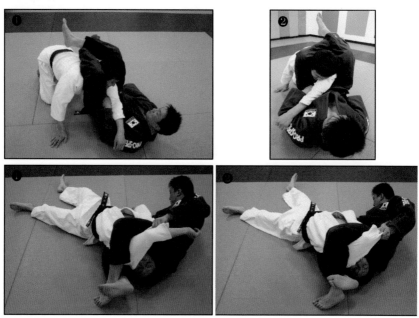

상대가 엎드려 있는 경우 등 뒤, 위, 옆에서 공격하는 조르기는 맨손조르기, 안아 조르기, 죽지걸어조르기, 팽이조르기 등으로 나누어 본서에서 설명하기로 한다.

맨손조르기(Hadaka−jime, Naked strangle)

맨손으로 상대방의 목 부위를 조르는 기술로서, 등뒤에 앉아서 또는 누워서 도복을 이용하지 않고 받기의 목을 감아서 기도를 압박하여 조른다.

맨손조르기

앉아 있는 상대방의 등 뒤로 껴안듯이 접근해서 한쪽 손은 상대방의 겨드랑이 밑으로 넣고, 다른 손은 상대방의 어깨 위로 넣어 조르는 기술로서 연습이나 시합에서 가장 많이 사용한다.

안아조르기

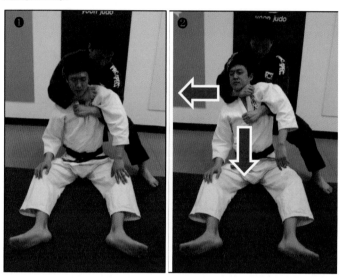

죽지걸어조르기(Kataha−jime, Single−wing strangle)

　상대방의 등 뒤에서 한 손을 턱 아래로 넣어 반대쪽 옷깃을 잡고, 겨드랑이 아래로 넣은 다른 한 손을 껴안아 올리듯이 머리 뒤로 끼워 넣음으로써 목을 조르는 기술로서 이 기술에 정확하게 걸리면 빠져나오기가 매우 어렵다.

죽지걸어조르기

4. 꺾기 기술
(Kansetsu‑waza, Joint locks)

상대편의 팔을 두 다리 사이에 끼고 90도로 누우면서 팔꿈치의 주관절을 뒤로 젖혀서 꺾는 기술이다. 받기의 몸과 십자형이 되어 양손은 받기의 오른팔 손목을 쥐고, 양 허벅다리로 팔을 낀다. 받기의 오른팔을 끌어 당겨 펴면서 팔꿈치 관절을 공격한다.

팔가로누워꺾기 기본자세

엉덩이는 상대의 어깨에 밀착시키고, 양 무릎을 굽혀서 양 허벅지로 조이면서 받기의 손은 엄지손가락이 위로 향하게 하고 새끼손가락이 밑으로 향하게 하여 아랫배를 내밀어 받기의 팔꿈치를 펴면서 꺾는다.

팔가로누워꺾기 기본자세

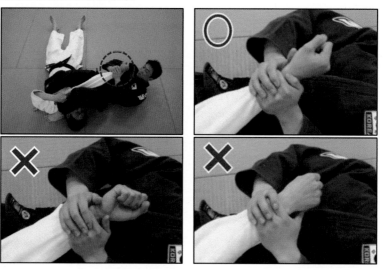

누워있는 상대의 팔가로누워꺾기

무릎을 세운 자세에서 받기의 오른팔을 잡고 목 부위로 잡기의 왼발을 넘겨서 딛고 오른발은 겨드랑이 안쪽으로 무릎을 굽혀서 댄다. 이 때 잡기의 엉덩이가 받기의 어깨에 밀착되어야 한다. 뒤로 누워 받기의 팔을 끌어당겨 아랫배를 내밀어 팔꿈치를 펴면서 꺾는다.

누워있는 상대의 팔가로누워꺾기

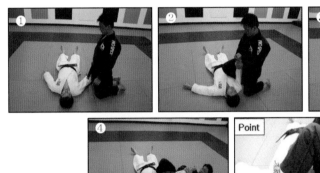

받기의 등 뒤에서 죽지걸어조르기를 시도하다가 받기의 저항이 강하면 순간적으로 죽지걸었던 왼팔을 당겨 붙이면서 오른손으로 머리를 밀어 오른다리로 목 부위를 눌러 감싸며 팔가로누워꺾기 자세를 취한다.

죽지걸어 조르기에서 팔가로누워꺾기로의 연결

02 팔얽어비틀기(Ude-garami, Entangled arm lock)

왼손으로 받기의 손목을 잡고 오른손으로 받기의 겨드랑이로 넣어 밑에서 받치면서 자신의 손목을 맞잡아 주관절(팔꿈치)을 비틀어서 제압하는 기술이다.

팔얽어비틀기 기본자세

받기의 왼팔은 잡기의 왼팔로 손목을 잡고, 오른팔은 왼팔로 잡아서 다른쪽 팔이 밑에서부터 감아 꼬아서 꺾어야 한다. 주의할 점은 받기의 팔꿈치가 다리 쪽에서 머리 쪽으로 비틀어 올리며 엄지손가락이 아래로 향하게 꺾어야만 제압할 수 있다.

팔얽어비틀기 기본자세

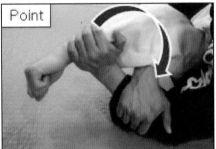

받기가 누운 자세에서 왼손으로 잡기의 가슴 깃을 잡으려 할 때 받기의 손목을 왼손으로 잡아 엄지손가락이 매트를 향하게 눌린다. 오른손은 팔꿈치 밑에 대고 받쳐 왼손을 당기고 오른손은 들어 올리면서 비틀어 꺾는다.

누워있는 상대의 팔얽어비틀기

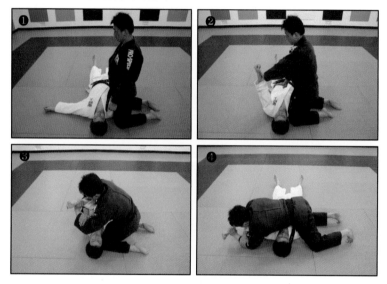

받기의 오른(왼)팔을 펴서 그 손목을 오른(왼)쪽 어깨에 고정하여 양손으로 받기의 팔꿈치를 바깥쪽에 대고 눌러서 꺾는 기술이다.

어깨대팔꿈치꺾기 기본자세

받기의 왼팔을 어깨에 대고 목 부위로 껴잡고 양손으로 주관절을 눌러서 꺾는다.

어깨대팔꿈치꺾기 기본자세

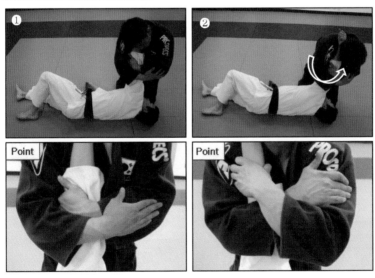

누워있는 상대의 어깨대팔꿈치꺾기

받기가 위에서 공격할 때 받기가 잡기의 왼쪽 어깨 쪽으로 목깃을 잡으면 받기의
오른 무릎을 밀어 제압하면서 왼쪽 어깨를 머리 쪽으로 올려 좁혀서 끼고 고정하여
오른손은 받기의 가슴 깃을 잡아당기고 왼팔로 주관절을 감싸 안고 눌러서 꺾는다.

누워있는 상대의 어깨대팔꿈치꺾기

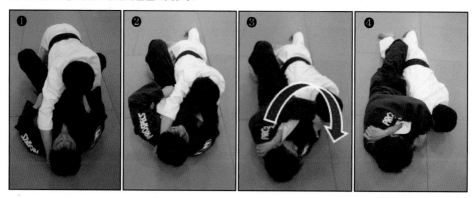

겨드랑이대팔꺾기(Ude−hishigi−waki−gatame, Armpit lock)

받기의 왼(오른)팔을 오른(왼)쪽 겨드랑이에 껴안아 끼고, 그 팔을 펴서 주관절을 꺾는 기술이다.

누워있는 상대의 겨드랑이대팔꿈치꺾기

받기가 위에서 공격할 때 받기가 잡기의 왼쪽 가슴 깃을 잡으면 받기의 오른 무릎을 밀어 제압하면서 왼쪽 겨드랑이로 껴안아 고정하고, 오른손은 받기의 가슴 깃을 잡아당기고 왼팔과 왼 무릎으로 돌려 올려서 대고 주관절을 눌러서 꺾는다.

어깨대팔꿈치꺾기(누워서 공격)

무릎대고 선자세에서 겨드랑대팔꿈치꺾기

서로 우맞잡기로 잡고 잡기는 가슴 깃을 잡고 있던 팔을 받기의 왼팔을 감아 겨드랑이에 껴안고 양다리를 제압하여 뒤로 누워 오른다리를 받기의 겨드랑이까지 들어 올려 눌러서 꺾는다.

무릎대고 선자세에서 겨드랑이대 팔꿈치꺾기

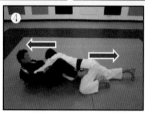 

앞 위에서 공격하는 상대를 겨드랑대팔꿈치꺾기

　앞 위에서 공격하는 받기가 오른팔을 왼쪽 겨드랑이 안쪽으로 넣어 가슴 깃을 잡고 공격할 때 잡기는 오른팔을 잡아서 머리를 받기의 오른쪽 겨드랑이 쪽으로 돌려 빼면서 몸을 돌려 등을 펴면서 받기의 오른팔을 앞으로 당겨 올려 꺾는다.

앞 위에서 공격하는 상대를 겨드랑이대 팔꿈치꺾기

등 뒤에서 공격하는 상대를 겨드랑대팔꿈치꺾기

잡기가 엎드려 있고 받기가 등 뒤에서 공격할 때 잡기는 받기의 오른팔을 오른쪽 겨드랑이에 끼고 머리를 오른쪽으로 돌리며 몸을 빼내어 받기를 등으로 누르면서 등을 펴고 받기의 오른팔을 끌어 올려 꺾는다.

등 뒤에서 공격하는 상대를 겨드랑이대 팔꿈치꺾기

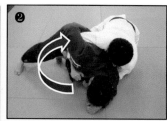

05 배대팔꺾기(Ude-hishigi-hara-gatame, Stomach lock)

받기의 왼(오른)팔을 오른(왼)쪽 옆구리로 감아 배(복부)에 대고 그 팔을 펴서 주관절을 꺾는 기술이다.

배대팔꿈치꺾기 기본자세

겨드랑이대팔꺾기와 비슷하나, 다른 점은 배로 눌러서 주관절을 꺾는 것으로, 받기의 오른손의 엄지손가락은 아래 매트로 새끼손가락은 위로 향하게 하여 손목을 끌어 올려 꺾는다.

배대팔꿈치꺾기 기본자세

받기의 왼(오른)팔을 오른(왼)쪽 다리로 감아서 빼낸 팔을 양다리로 꼬아서 펴면서 주관절을 꺾는 기술이다.

엎드려 있는 상대를 다리대팔꺾기

엎드려 있는 상대에게 삼각누르기나 삼각조르기를 하는 자세와 마찬가지로 잡고 기회를 노려서 팔을 잡아 뺄 수 있을 때 오른발로 받기의 어깨쪽에서 팔을 걸어 뒤로 빼내어 자신의 다른 다리 오금(무릎관절 뒤쪽)에 발목을 꼬아서 아랫배를 내밀어 주관절을 꺾는다.

엎드려 있는 상대를 다리대팔꿈치꺾기

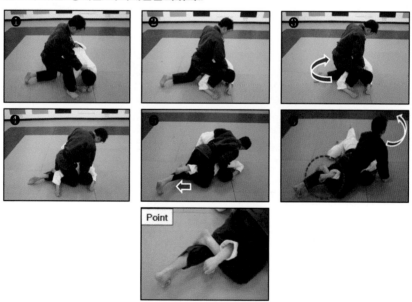

07 삼각팔꺾기(Ude-hishigi-sankaku-gatame, Triangular lock)

양다리를 사용하여 꺾는 기술로서 위에서 공격하는 상대의 상체를 잡아당겨 양다리로 목과 팔을 한쪽 발목을 다른 쪽 오금에 넣어 꼬아서 왼팔을 잡아당겨 아랫배를 내밀어 꺾는 기술이다. 이 또한, 삼각누르기로부터 응용하여 팔을 잡아당기면서 꺾기를 할 수 있다.

삼각팔꺾기 기본자세

제5장 연결기술

1. 메치기 연결기술
2. 메치기에서 굳히기 연결기술
3. 되치기

연결기술(Renzoku-waza)는 연속적인 기술의 공격방법을 연습하여 보다 확실하게 상대를 제압하기 위함이다. 유도의 한판승을 하기 위해서는 하나의 기술로 상대를 제압하기는 실제로 어려운 일이다. 따라서 상대와의 실력차이가 월등하게 높지 않는 경우에는 자신의 특기기술만으로는 한판승을 거둘 수 없기 때문에 기술의 성공률을 높이 위해서는 자신의 주특기 기술을 중심으로 연결기술을 익혀 다양한 공격방법과 상대의 공격기술에 대응하여 반격(되치기)를 할 수 있도록 충분한 연습이 필요하다. 본서에서는 메치기에서 메치기로 연결, 메치기에서 굳히기로 연결, 되치기 등으로 설명한다.

1. 메치기연결기술

(Tachi-waza no renzoku-waza, Combinations and continuations of standing techniques)

메치기에서 메치기로 연결기술은 처음의 기술을 다음에 거는 기술의 수단으로 상대의 자세에 변화를 만들어 그 중심이 무너진 경우에 가장 적합한 다른 기술을 연속적으로 시도하여 기술의 성공률을 높이는 데 용이하다. 예를 들어 상대를 후방을 밀어서 상대가 되밀어내는 반동을 이용하여 기술을 걸거나 좌·우 반대로 기술을 걸어 보다 쉽게 상대를 효과적으로 메치는 것이다.

01 안다리후리기(Ouchi-gari) → 업어치기(Seoi-nage)

상대의 중심을 뒤로 하기위해 안다리후리기기술로 밀어 거는 것은 다음 기술을 걸기 위한 전제임을 머리 속에 기억하고 상대를 움직임을 예측하여야 한다. 안다리후리기로 밀어서 상대가 되밀어오면 그 힘을 이용하여 업어치기로 재빠르게 크게 당겨 메친다.

안다리후리기 → 업어치기

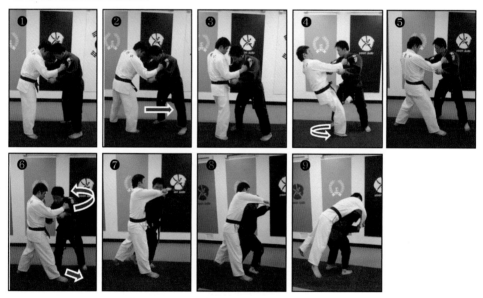

　　상대의 중심을 뒤로 하기 위해 안다리후리기기술로 밀어 걸었을 때 상대가 왼발을 들어 뒤로 빼면서 물러서면 잡기는 뒤로 힘차게 더 밀면서 중심을 무너뜨리면 쫓아 들어가 안뒤축후리기로 메친다.

안다리후리기 → 안뒤축후리기

상대의 중심을 앞으로 허벅다리걸기로 끌어 당겨 기울여 걸었을 때 상대가 앞으로 끌려오지 않으려고 뒤로 중심을 두면서 방어를 하면 허벅다리를 걸었던 발로 그대로 내려오면서 발목 뒷부분을 대고 걸어 후리고 상체를 밀어 메친다.

허벅다리걸기 → 안뒤축후리기

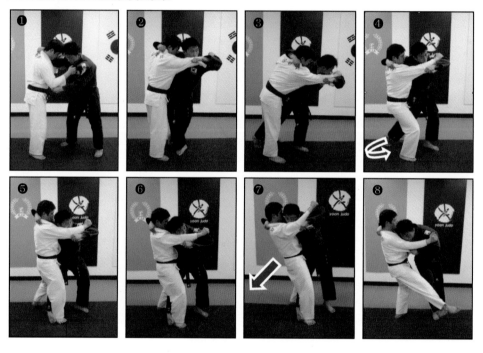

04 안다리후리기(Ouchi-gari)→허리후리기(Harai-goshi)

　　상대의 중심을 뒤로 하기 위해 안다리후리기기술로 밀어 걸었을 때 상대가 왼발
을 들어 오른쪽 옆으로 돌아 나오면 잡기는 옆으로 돌아 자세를 먼저 취하면서 앞
으로 당겨 허리후리기로 메친다.

안다리후리기 → 허리후리기

상대의 중심을 뒤로 하기 위해 안뒤축후리기기술로 밀어 걸었을 때 상대가 오른발을 들어 뒤로 빼면서 물러선 다음 처음 자세로 되돌아오려고 하면, 그 힘을 이용하여 업어치기로 재빠르게 크게 당겨 메친다.

안뒤축후리기 → 업어치기

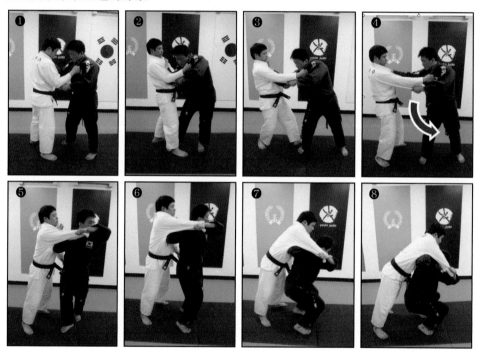

상대의 중심을 뒤로 하기 위해 안뒤축후리기기술로 밀어 걸었을 때 상대가 오른 발을 위로 들어 빼면서 앞으로 내딛고 허리를 앞으로 숙여 방어하는 자세를 취하면 앞으로 당겨 누으면서 배대뒤치기로 메친다.

안뒤축후리기 → 배대뒤치기

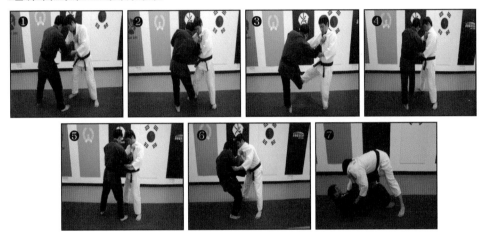

좌우자연체로 맞잡은 자세에서 상대를 모두걸기로 걸었을 때 상대가 왼발을 들
어 빼면 잡기는 오른발(후린 발)을 앞으로 내딛고 연속하여 밭다리후리기로 메친다.

모두걸기 → 밭다리후리기

상대의 중심을 앞으로 끌어 당겨 업어치기를 걸었을 때 상대가 방어를 하거나 업어치기가 불충분하게 들어간 경우에는 다시 나오면서 반대로 소매 잡은 손을 들어올려 그대로 소매들어허리채기로 연결하여 메친다.

업어치기 → 소매들어허리채기

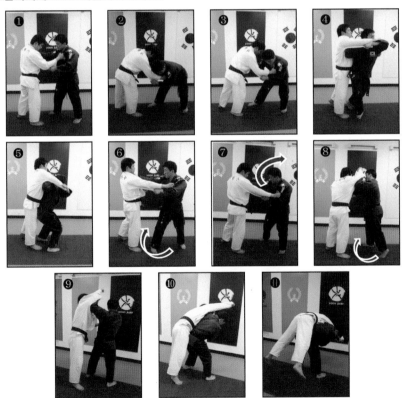

09 소매들어허리채기(Sode-tsurikomi-goshi) → 어깨로메치기(Kata-guruma)

상대의 중심을 앞으로 끌어 당겨 소매들어허리채기를 걸었을 때 상대가 방어를 하면서 중심을 낮추면 몸이 회전한 방향으로 더 돌아서 상대의 오금(무릎 뒤)을 오른손으로 잡고 어깨로메치기로 연결하여 메친다.

소매들어허리채기 → 어깨로메치기

10 발다리후리기(Osoto-gari)→무릎대돌리기(Hiza-guruma)

상대의 중심을 뒤로 발다리후리기기술로 밀어 걸었을 때 상대가 오른발을 들어 빼면서 뒤로 내딛고 처음 자세로 되돌아오려고 하면 무릎대돌리기로 앞으로 끌어 당겨 돌려서 메친다.

발다리후리기 → 무릎대돌리기

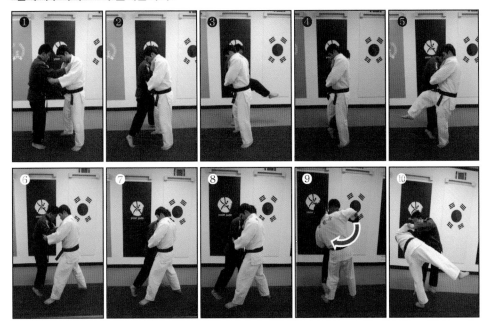

2. 메치기에서 굳히기로 연결기술
(Nage-waza kara Katame-waza ni renzoku-waza, combinations and continuations from standing techniques to grappling techniques)

메치기에서 굳히기로 연결기술은 메치기 기술로 효과적인 공격이 되지 못하였을 때 굳히기 기술로 바로 연결하여 상대를 제압하는 것이다.

빗당겨치기로 상대를 넘겼으나 효과적인 득점을 하지 못하였거나 한판이 아니 경우에는 바로 굳히기 기술 중 곁누르기로 연결하는 방법이다.

빗당겨치기 → 곁누르기

빗당겨치기로 상대를 넘겼으나 효과적인 득점을 하지 못하였거나 한판이 아니 경우에는 바로 굳히기 기술 중 위누르기로 연결하는 방법이다.

빗당겨치기 → 위누르기

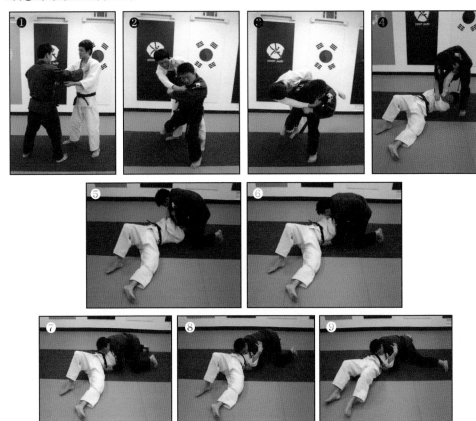

안다리후리기(Ouchi-gari)→
가로누르기(Yoko-shiho-guruma)

안다리후리기로 상대를 넘겼으나 효과적인 득점을 하지 못하였거나 한판이 아닌 경우에는 바로 굳히기 기술 중 가로누르기로 연결하는 방법이다.

안다리후리기 → 가로누르기

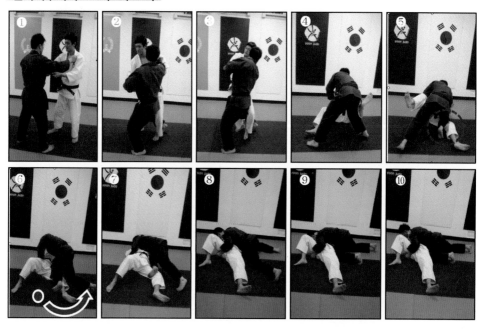

배대뒤치기(Tomoe-nage) →
팔가로누워꺾기(Ude-hishigi-juji-gatame)

배뒤치기로 상대를 넘겼으나 효과적인 득점을 하지 못하였거나 한판이 아닌 경우에는 바로 굳히기 기술 중 팔가로누워꺾기로 연결하는 방법이다.

배대뒤치기 → 팔가로누워꺾기

3. 되치기
(Kaeshi waza, Counter techniques)

되치기(Gaeshi no kate)는 유도의 원리를 잘 이해하고 있는 사람이 잘 사용하며 상대의 기술이 유도의 원리에 벗어나 기술이 미흡하거나 성공시키지 못하고 처음 자세로 되돌아 나가는 순간에 상대의 자세가 변화하여 기술을 걸 수 있는 기회가 생기며 이를 이용하여 걸어 메치는 것이다. 본서에서는 먼저 제시한 기술명은 상대가 거는 기술이며, 나중 기술명 은 잡기가 되치기하는 기술이다.

안뒤축후리기(Kouchi-gari)→ 모두걸기(Okuri-ashi-barai)

상대의 안뒤축후리기가 유도원리에 맞지 않아서 미흡하거나 이를 이미 예측하여 방어와 견제를 하다가 처음자세로 되돌아가려고 할 때 유리한 위치에 먼저 몸을 이동하여 중심을 잡고 모두걸기로 메친다.

안뒤축후리기 → 모두걸기

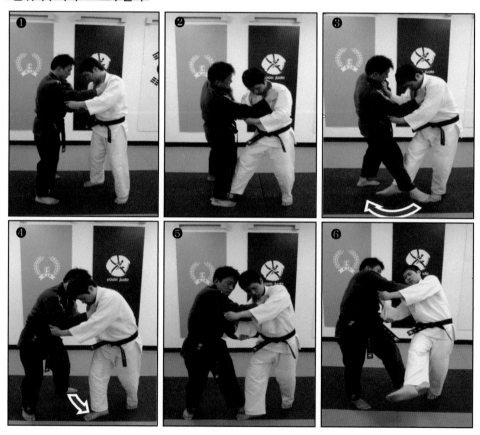

상대의 밭다리후리기가 유도원리에 맞지 않아서 미흡하거나 이를 이미 예측하여
방어와 견제를 하다가 처음자세로 되돌아가려고 할 때 상대와 맞서 상체를 앞으로
기울이면서 밭다리후리기로 반격하여 메친다.

밭다리후리기 → 밭다리후리기

상대의 안다리후리기가 유도원리에 맞지 않아서 미흡하거나 이를 이미 예측하여 방어와 견제를 하다가 처음자세로 되돌아가려고 할 때 상대의 오른다리를 피해서 오른발이 매트에 닿기 직전에 모두걸기로 반격하여 메친다.

안다리후리기 → 모두걸기

04 모두걸기(Okuri-ashi-barai)
→ 모두걸기(Okuri-ashi-barai)

　상대의 모두걸기가 유도원리에 맞지 않아서 미흡하거나 이를 이미 예측하여 방어와 견제를 하다가 상대의 오른다리를 피해 빼내면서 오른발이 매트에 닿기 직전에 모두걸기로 반격하여 메친다.

모두걸기 → 모두걸기

05 업어치기(Seoi-nage)→모두걸기(Okuri-ashi-barai)

상대의 업어치기가 유도원리에 맞지 않아서 미흡하거나 이를 이미 예측하여 방어와 견제를 하다가 상대가 처음자세로 되돌아가 나가려고 할 때 뒤로 젖혀서 왼다리로 상대의 발목 뒷쪽을 후려 모두걸기로 메친다.

업어치기 → 모두걸기

상대가 중심을 뒤로하여 안다리후리기로 걸은 기술이 유도원리에 맞지 않아서 미흡하거나 이를 이미 예측하여 방어와 견제를 하다가 상대가 처음 자세로 미쳐 되돌아가지 못하고 중심이 앞으로 기울여져 있을 때 그대로 힘차게 크게 끌어 당겨 업어치기로 반격하여 메친다.

안다리후리기 → 업어치기

상대가 허벅다리걸기로 걸은 기술이 유도원리에 맞지 않아서 미흡하거나 이를 이미 예측하여 방어와 견제를 하다가 상대의 왼다리를 피해 빼내면서 그대로 앞으로 기울어져 있는 상대를 그대로 허벅다리걸기로 반격하여 메친다.

허벅다리걸기 → 허벅다리걸기

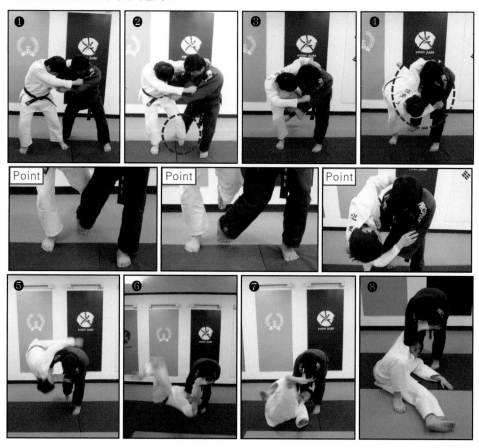

제6장 기술방어법 및 반칙

1. 기술방어법
2. 반칙

1. 기술방어법

(Kijiuzzu-hougouho, Defense method against technical attack)

기술방어법(Kijiuzzu-hougouho)은 상대가 거는 기술을 미리 예측하여 중심을 이동하여 피하는 방법으로서 몇 가지를 소개하고, 굳히기와 메치기에서의 반칙행 위를 설명하고, 장내·장외의 구분을 설명한다.

업어치기를 낮은 자세로 방어하는 법

상대의 업어치기 기술을 미리 예측하고 중심을 뒤로 이동하여 자세를 낮추고 왼손은 등에 대고 밀어 상대의 등을 앞으로 누르면 자신의 상체를 떨어뜨리어 상대의 기술을 방어 할 수 있는 방법이다.

업어치기를 낮은 자세로 방어하는 법

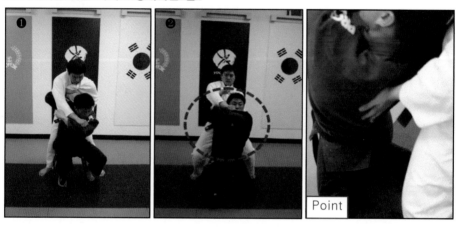

업어치기를 팔로 방어하는 법

상대의 업어치기 기술을 들어오려고 기울이기를 할 때 왼손은 상대의 등을 밀어 내고 오른소매잡힌 팔을 끊어내는 방법으로 숙련자에게서 많이 볼 수 있는 기술방 어법이다.

업어치기를 팔로 방어하는 법

빗당겨치기를 거는 방향 반대쪽으로 방어하는 법

상대의 빗당겨치기 기술을 미리 예측하고 중심을 기술 거는 반대방향으로 이동하여 자세를 낮추고 왼손은 등에 대고 밀어내어 상대의 기술을 방어하는 방법이다.

빗당겨치기를 거는 방향 반대쪽으로 방어하는 법

상대의 빗당겨치기 기술을 미리 예측하고 중심을 기술 거는 방향으로 뛰어 넘어 재빠르게 이동하여 상대의 기술을 방어하는 방법이다. 이때 상대의 중심이 불안정하므로 기회를 노려 되치기를 할 수 도 있다.

빗당겨치기를 거는 방향으로 방어하는 법

허벅다리걸기를 팔로 방어하는 법

상대의 허벅다리걸기 기술을 들어오려고 기울이기를 할 때 상대의 등에 밀착하여 방어하다가 기술의 국면이 지웃기에서 걸기로 진행되어질 때 왼손은 상대의 등을 밀어내고 오른소매잡힌 팔을 끊어내는 방법으로 숙련자에게서 많이 볼 수 있는 기술방어법이다.

허벅다리걸기를 팔로 방어하는 법

　　상대의 허벅다리걸기 기술을 미리 예측하고 중심을 낮추고 상대가 기술을 거는 순간에 자신의 다리사이로 상대의 다리가 들어오지 못하게 자신의 왼발을 들어 양 무릎을 붙여서 상대의 다리를 피하는 방어법이다. 이 때 상대는 차려는 힘에 의해 허공으로 발을 차 올린 상태가 되므로 쉽게 되치기를 할 수 있다. 따라서 허리다리 걸기 기술을 주특기로 하는 사람은 이것에 주의해야 한다.

허벅다리걸기를 다리 빼내어 방어하는 법

모두걸기를 발 빼내어 방어하는 법

상대의 모두걸기 기술을 미리 예측하고 중심을 재빠르게 이동하여 상대의 거는 발을 피하는 방법이다. 이때 상대의 중심이 불안정하게 되므로 쉽게 되치기를 할 수 있다.

모두걸기를 발 빼내어 방어하는 법

2. 반 칙

(Hansoku, Violation)

소매입구에 손가락 넣는 행위

상대의 소매입구에 손가락을 넣어 유도복을 잡으면 반칙(지도)이다.

얼굴을 손으로 덮는 행위

상대의 얼굴(즉, 이와 두 귀, 턱으로 이은 선)부위를 덮으면 반칙(지도)이다.

바지자락입구에 손가락 넣는 행위

상대의 바지자락입구에 손가락을 넣어 유도복을 잡으면 반칙(지도)이다.

양다리로 목을 가위조르기하는 행위

상대의 허리나 목 또는 머리를 양다리로 껴서 가위조르기를 하면 반칙(지도)이다.

굳히기를 하고 있을 때 반칙을 한 경우

　굳히기를 할 때 반칙이 일어나면, 반칙을 한 사람이 유리한 상태인지 불리한 상태인지에 따라 시합 진행방법이 틀리다. 이것은 심판을 볼 때 도움이 되는 지식이지만, 선수로서 물론 알아야 한다. 예를 들어 ①누르기를 하는 사람(유리한 입장에 있는 사람)이 반칙을 하면 "그쳐"를 선언하여 굳히기를 멈추고 경기개시 위치에 세워 해당반칙을 처벌을 하고 나서, 선자세로부터 "시작"을 선언하여 시합을 계속 진행하게 된다. 또한, "누르기"가 선언(누르기 시간의 득점이 있다면 그것을 선언)된 상황에서도 같은 방식으로 진행된다. ②누르기를 당하는 사람(불리한 입장에 있는 사람)이 반칙을 하면 "그대로"를 선언한 후 경기를 일시 정지시키고, 반칙의 해당 처벌을 하고나서 굳히기 상태를 정지 전 상태인지를 확인하고 다른 상태라면 정정하도록 지시하고 다시 굳히기 상태에서 "계속"을 선언하여 시합을 진행한다. 이것은 다른 종목에서 어드벤티지(advantage)와 같은 의미이다.

상대를 들어올렸다가 내리찧는 행위

매트에 등을 대고 상대를 끌어 올렸다가 내리찧는 행위를
하면 반칙(반칙패)이다.

머리 숙여 매트에 박는 행위 다리 잡고 있는 행위

허벅다리걸기, 허리후리기 등과 같
은 기술을 걸거나 시도할 때에 몸
을 앞이나 아래로 숙이면서 머리를
먼저 매트에 박는 행위를 하면 반
칙(반칙패)이다.

선 자세에서 메치기 기술로 즉시
연결하지 아니하고 한 손 또는 양
손으로 상대의 한발이나 양발 또는
다리를 잡거나 바지를 잡으면 반칙
(지도)이다.

손가락 꺾는 행위

잡는 있는 상대의 손을 떼려고 손가락을 뒤로 꺾어 제치는 것은 반칙(지도)이다.

깍지 끼고 있는 행위

선 자세에서 경기동작을 방해하기 위해서 상대의 한 손 또는 양손을 깍지 끼고있는 행위(5초 이상)하면반칙(지도)이다.

무릎으로 팔을 치는 행위

잡는 있는 상대로부터 벗어나기 위해서 무릎이나 발로 상대의 손이나 팔을 치는 행위을 하면 반칙(지도)이다.

03 장내·장외

장내인지 장외인지에 대한 규칙을 알아 두아야 한다.

누르기 상태에서 장내인 경우

누르기 상태에서 흰도복의 몸이 장외로 나가 있지만 청색도복의 양다라가 붉은 매트 안쪽에 남아 있기 때문에 장내가 된다. 또한, 청색도복의 양다리가 매트에서 떨어져 공중에 떠 있어도 붉은 매트의 안쪽에 있으면 장내가 되어 누르기가 계속진행된다.

누우며 메치는 상태에서 장내인 경우

누우며 메치는 상태에서 장외인 경우

누우며 메치는 상태에서 청색도복의 몸이 절반이상이 붉은 매트 안쪽에 있으면 장내이다.

누우며 메치는 상태에서 청색도복의 몸이 절반이상이 붉은 매트 바깥쪽으로 나가면 장외이다.

메치는 상태에서 장내인 경우   메치는 상태에서 장외인 경우

장내

장외

청색도복의 오른발의 끝이 붉은
매트로부터 나가 있지만 오른발
의 일부는 아직 붉은 매트 위에
있기 때문에 장내가 된다.

청색도복의 오른발의 전체가 붉
은 매트의 바깥으로 나가 있으면
장외가 된다.

제7장 유도체력 보조운동
및 유도근력훈련

1. 유도를 잘하기 위한 방법
2. 유도체력 보조운동
3. 유도근력훈련

1. 유도를 잘하기 위한 방법

유도를 잘하기 위해서는 정신력, 기술, 체력 등의 3요소가 중요하다, 따라서 이러한 점을 고려하여 유도를 잘 할 수 있는 방법을 제시하고, 유도 기술을 숙련하기 위한 기본적인 보조운동과 근력트레이닝 방법을 소개한다. 특히, 유도 기술동작을 몸에 익히는 다리움직임, 팔 사용법 등을 목적으로 하여 자신의 약한 부분을 보충시키는 방법과 유도의 전문체력을 향상시키기 위한 근력 강화 훈련을 설명한다.

01 기초체력을 향상시키자

유도에서 상대방에 한판승을 위해서는 끊임없이 기술을 습득해야 하지만 자신의 기초체력이 어느 정도 없으면 상대에게 기술로 걸어 성공하는 확률이 낮아져 승리하기 어려워진다.

따라서 상대의 기술을 막고, 확실한 기술을 걸어 유도에서 필요로 하는 동작을 잘 수행하기 위해서는 맨손, 기구 등을 이용한 보조운동과 전문체력을 향상시키기 위한 근력 강화 훈련을 실시하여 파워와 힘을 향상시킬 필요가 있다.

또한, 기초체력을 향상하기 위해서는 충분한 영양섭취가 이루어져야 에너지대사가 활성화되어 보다 강한 파워를 이끌어낼 수 있으며, 부상과 힘든 운동 후에 회복하는 속도가 빨라지게 된다. 따라서 일상생활에서 균형 있는 식사를 통해 골고루 영양소를 섭취해야 하며, 부족한 영양소가 있으면, 보충할 필요가 있다.

02 잡기방법을 연구하자

유도에 있어 상대방의 잡는 자세에 따라 승패가 결정되어지므로, 공격하는 팔을 어떻게 제압하는냐가 대단히 중요하다. 상대의 공격하는 팔을 제압하기 위해서는 다음과 같은 기술을 습득하는 것이 좋다. ① 자신은 상대의 소매를 쥐어짜듯이 꽉 잡아 제압하고 상대에게는 유리한 부분을 잡지 못하도록 자세를 취한다. ② 자신은 소매잡은 손을 상대가 잡은 팔꿈치(주관절) 아랫부분을 잡도록 한다. 이 때 주의해야 될 것은 소매를 잡힌 채 기술을 거는 상대가 있다는 것이다.

03 주특기 기술을 마스터하자

한판승을 위해서는 확실한 기술을 주특기로 갖추고 있어야 한다. 유도는 한판승부이기 때문에 어떠한 상대를 만나도 한판으로 메칠 수 있는 기술을 연습해야 한다. 우수한 선수들은 한판승을 할 수 있는 주특기 기술을 하나씩은 갖고 있다. 따라서 유도를 수련하면서 자신에게 맞은 주특기 기술을 연습하는 것이 최선의 길이며, 우수한 선수들의 시합을 보면서 자신의 기술과 맞는 선수의 동작을 세밀하게 관찰하여 그 동작을 머릿속으로 회상하여 반복적으로 이미지 트레이닝을 하는 것이 중요하다.

04 공격방법을 다양하게 하자

시합에서 상대방에 대한 공격방법을 먼저 숙지하고 상대의 공격방향을 알고 있으면 유리하다. 고등학생부터는 유도기술 수준이 높기 때문에 단순하게 기술을 거는 것은 통하지 않게 된다. 따라서 다양한 연결기술로 상대를 좌우, 앞뒤로 공격하는 방법을 숙지하고 연습해야 상대방을 이기는 것이 가능하다.

유도를 잘하기 위해서는 기술, 체력, 정신력 등이 조화롭게 이루어져함은 다른 운동과 마찬가지로 중요시 되고 있다. 꾸준한 연습을 통해 자신의 실력을 향상시켜 자신감을 갖고 있으면 시합 때 긴장감이 덜 하고, 자신감이 결여되거나 경험부족으로 불안하게 되면 과도한 긴장으로 자신의 실력을 충분히 발휘하지 못한다. 또한, 주변에 과도한 기대로 정신적 부담감을 갖고 시합에 임하면 승리하기 어렵다. 따라서 이를 극복하기 위해서는 시합상황과 같이 연습을 하고 다른 팀과의 친선경기로 다양한 상대와 연습을 한다. 연습 후 긴장감을 풀기 위해서 명상이나 주의집중 심리훈련을 하면 강화되어진다.

2. 유도체력 보조운동

보조운동은 주 운동인 유도기술을 빨리 익히려고 하는 운동으로 유도 기술의 효과를 높이기 위해 유도에서 요구되는 체력요소를 향상시키기 위한 목적으로 실시한다.

손 짚고 뒤로 목 브릿지

손 안 짚고 뒤로 목 브릿지

손 짚고 앞으로 목 브릿지

손 안 짚고 앞으로 목 브릿지

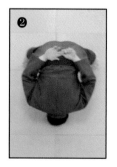

엎드려 양팔로 앞으로 끌어 가슴 올리기

팔굽혀펴기 (어깨너비)

팔굽혀펴기 (넓게)

팔굽혀펴기 (좁게)

밀어올리기

엎드려 기어가기

악어 걸음으로 기어가기

팔굽혀 점프하여 손벽치기

2인1조 발목잡고 팔로 앞으로 가기

앉았다가 일어서기

버피테스트(엎드렸다가 다시 일어서기)

한팔로 뛰기

앞으로 양발로 뛰기

개구리점프하기

오리걸음

업고 뛰기

안고 뛰기

두발로 좌·우 다리 뛰어넘기(상대는 다리펴고)

두발로 좌·우 등 뛰어넘기(상대는 엎드려)

한발로 좌·우 다리 뛰어넘기(상대는 다리펴고)

등짚고 좌·우 뛰어넘기

등짚고 뛰어 넘어 양다리사이로 빠져나오기

윗몸일으키기

윗몸 뒤로 젖히기

V 싯업

2인1조로 다리 올리기

2인1로 다리감고 허리숙였다가펴기

2인1조로 다리감고 윗몸일으키기

2인1조로 다리감고 윗몸 뒤로 젖히기

2인1오로 좌·우 몸통 틀어 옆으로 손벽치기

2인1조로 위아래로 손벽치기

다리잡고 앞구르기

3. 유도근력훈련

　유도는 짧은 시간 내에 강한 파워를 단속적으로 시합종료까지 감소되지 않은 상태로 지속하여 사용할 수 있어야 된다. 또한, 시합은 하루에 4~5회 정도의 경기를 치르게 되는 체력 소모가 대단히 많은 종목이다. 이와 같은 능력을 향상시키기 위한 근력트레이닝이 많이 사용되고 있다. 따라서 본서에는 전문근력과 파워 향상을 위한 근력훈련방법을 제시하고자 한다.

벤치프레스

버터플라이

친업(와이드 그립)

친업(내로우 그립)

바벨로우

데드리프트

스쿼트

앞

옆

런지

①

②

멀티힙

①

②

머신 숄더 프레스

케이블 레터럴 레이즈

업라이트 로우

ez바 컬

ez바 리버스 컬

트라이셉스 푸쉬다운

벤치딥

크런치

백익스텐션

리스트 컬

리버스 리스트 컬

케이블로 양손 당기기

케이블로 양손 기울이기

튜브(Tubing)운동

양손으로 당기기

   고무줄을 기둥에 걸어놓은 상태에서 양손으로 당기는 것으로 무릎과 허리는 약간 구부린 자세에서 고개를 들고 상체를 세우고 당겨야 광배근의 발달이 제대로 이루어진다. 양 발의 간격은 어깨너비 정도가 적당하며 고무줄을 당기는 양팔의 관절 가동범위를 최대한 크게 하기 위해서는 적절한 간격을 유지하는 것이 좋다. 이러한 운동은 악력, 이두근 및 광배근 등이 발달하게 된다.

양손으로 당기기

양손으로 기울이기

　양손으로 좌·우 옆으로 당기기는 고무줄을 가슴 높이 정도의 위치로 걸어놓은 상태에서 고무줄을 잡은 손 중 당기는 손은 눈높이의 위치에 올 수 있도록 당기며, 반대편 손은 머리위로 치켜 올려 당기는 동작으로, 오른손잡이는 오른쪽으로만 당기는 연습 후 익숙해지면, 좌우로 번갈아 당기는 연습한다. 이 때 양 발이 고정된 상태에서 고개와 몸통이 함께 돌려져야 하며 이 동작은, 순간적으로 강력한 파워를 요하는 동작이라 할 수 있다. 고무줄을 당길 때는 양 무릎도 함께 작용을 해 주어야 하는데 고무줄이 느슨하게 놓여 졌을 때는 양 무릎이 구부러진 상태가 되어야 하며 고무줄을 당길 때는 양 무릎도 함께 펴는 동작이 이루어지도록 한다. 세트당 반복 횟수는 20~30회 정도로 하여 5~10세트정도가 적당하다.

양손으로 기울이기

실제에 가까운 업어치기 동작으로 익히기 하듯이 고무줄을 가슴 높이 정도의 위치에 걸어 놓은 상태에서 양손으로 고무줄을 잡고 당긴다. 이 때 고무줄의 길이와 높낮이는 실전의 상황을 고려하여 조절한다.

업어치기로 당기기

① 한팔 업어치기

　　한팔 업어치기의 동작으로 익히기 하듯이 두 가닥의 고무줄을 한 손으로 모아잡고, 고무줄을 잡은 손을 최대한 강하게 당기며 팔꿈치 부위로 고무줄을 걸어서 한팔 업어치기와 동일한 동작으로 연습한다.

② 허벅다리걸기

　　허벅다리걸기의 다리차올리기는 맨몸으로 하는 것도 있지만 기둥에 고무줄을 묶어 지지하는 다리는 무릎을 낮게 구부린 상태로 들어가 차올리는 동작으로 무릎을 편다. 이 방법의 효과는 허벅다리 걸기의 기술에서 하체의 중심 및 무릎 신전작용이 좋아지며 기술의 전반적 파워와 함께 마무리 동작에 도움이 된다.

③ 안뒤축후리기

　　고무줄의 한쪽은 기둥의 맨 아래 부분에 낮게 묶어 고정한 후 반대쪽 끝은 발에 묶어 고정한다. 기둥이나 벽을 잡고서 연습할 수도 있고, 잡지 않고도 연습 할 수 있다.

④ 모두걸기

　　고무줄의 한쪽은 기둥의 맨 아래 부분에 낮게 묶어 고정한 후 반대쪽 끝은 발에 묶어 고정한다. 고무줄과 몸이 옆으로 선 자세에서 지지하는 발이 옆으로 한 걸음 이동하며 후리는 동작을 반복한다.

⑤ 밭다리후리기

　　고무줄을 기둥에 짧게(약20~30㎝) 걸어놓은 상태에서 양손으로 고무줄을 당겨서 왼손은 아래쪽으로 오른손은 기둥 뒤쪽으로 기울이며 밭다리후리기 동작을 시도하는데, 이 때 지지하는 발이 깊이 들어가 딛으며 허리를 비롯한 몸 전체를 완전히 이용하여 기술을 걸게 되는데, 거는 다리는 대퇴 부위가 기둥을 강하게 후린다.

유도 바이블
- JUDO BIBLE -

• 초판 인쇄	2008년 8월 20일
• 초판 발행	2008년 8월 20일
• 지 은 이	황경식 · 현석환 · 윤용발 · 송석연
• 펴 낸 이	채종준
• 펴 낸 곳	한국학술정보㈜
	경기도 파주시 교하읍 문발리 513−5
	파주출판문화정보산업단지
	전화 031) 908−3181(대표) · 팩스 031) 908−3189
	홈페이지 http://www.kstudy.com
	e−mail(출판사업부) publish@kstudy.com
• 등 록	제일산−115호(2000. 6. 19)
• 가 격	36,000원

ISBN   978-89-534-9817-4 93690 (Paper Book)
          978-89-534-9818-1 98690 (e−Book)